2 YEAR PLANNER

Appointment Book

This planner belongs to :

_____

_____

_____

Important Dates

January
_____
_____
_____
_____
_____

February
_____
_____
_____
_____
_____

March
_____
_____
_____
_____
_____

April
_____
_____
_____
_____
_____

May
_____
_____
_____
_____
_____

June
_____
_____
_____
_____
_____

July
_____
_____
_____
_____

August
_____
_____
_____
_____

September
_____
_____
_____
_____

October
_____
_____
_____
_____

November
_____
_____
_____
_____

December
_____
_____
_____
_____

Contact details

Name	Phone No	E-mail	Address

Contact details

Name	Phone No	E-mail	Address

Contact details

Name	Phone No	E-mail	Address

Contact details

Name	Phone No	E-mail	Address

Contact details

Name	Phone No	E-mail	Address

Contact details

Name	Phone No	E-mail	Address

2022 Overview

January

Su	Mo	Tu	We	Th	Fr	Sa
						1
2	3	4	5	6	7	8
9	10	11	12	13	14	15
16	17	18	19	20	21	22
23	24	25	26	27	28	29
30	31					

February

Su	Mo	Tu	We	Th	Fr	Sa
		1	2	3	4	5
6	7	8	9	10	11	12
13	14	15	16	17	18	19
20	21	22	23	24	25	26
27	28					

March

Su	Mo	Tu	We	Th	Fr	Sa
		1	2	3	4	5
6	7	8	9	10	11	12
13	14	15	16	17	18	19
20	21	22	23	24	25	26
27	28	29	30	31		

April

Su	Mo	Tu	We	Th	Fr	Sa
					1	2
3	4	5	6	7	8	9
10	11	12	13	14	15	16
17	18	19	20	21	22	23
24	25	26	27	28	29	30

May

Su	Mo	Tu	We	Th	Fr	Sa
1	2	3	4	5	6	7
8	9	10	11	12	13	14
15	16	17	18	19	20	21
22	23	24	25	26	27	28
29	30	31				

June

Su	Mo	Tu	We	Th	Fr	Sa
			1	2	3	4
5	6	7	8	9	10	11
12	13	14	15	16	17	18
19	20	21	22	23	24	25
26	27	28	29	30		

July

Su	Mo	Tu	We	Th	Fr	Sa
					1	2
3	4	5	6	7	8	9
10	11	12	13	14	15	16
17	18	19	20	21	22	23
24	25	26	27	28	29	30
31						

August

Su	Mo	Tu	We	Th	Fr	Sa
	1	2	3	4	5	6
7	8	9	10	11	12	13
14	15	16	17	18	19	20
21	22	23	24	25	26	27
28	29	30	31			

September

Su	Mo	Tu	We	Th	Fr	Sa
				1	2	3
4	5	6	7	8	9	10
11	12	13	14	15	16	17
18	19	20	21	22	23	24
25	26	27	28	29	30	

October

Su	Mo	Tu	We	Th	Fr	Sa
						1
2	3	4	5	6	7	8
9	10	11	12	13	14	15
16	17	18	19	20	21	22
23	24	25	26	27	28	29
30	31					

November

Su	Mo	Tu	We	Th	Fr	Sa
		1	2	3	4	5
6	7	8	9	10	11	12
13	14	15	16	17	18	19
20	21	22	23	24	25	26
27	28	29	30			

December

Su	Mo	Tu	We	Th	Fr	Sa
				1	2	3
4	5	6	7	8	9	10
11	12	13	14	15	16	17
18	19	20	21	22	23	24
25	26	27	28	29	30	31

Notes

2023 Overview

January

Su	Mo	Tu	We	Th	Fr	Sa
1	2	3	4	5	6	7
8	9	10	11	12	13	14
15	16	17	18	19	20	21
22	23	24	25	26	27	28
29	30	31				

February

Su	Mo	Tu	We	Th	Fr	Sa
			1	2	3	4
5	6	7	8	9	10	11
12	13	14	15	16	17	18
19	20	21	22	23	24	25
26	27	28				

March

Su	Mo	Tu	We	Th	Fr	Sa
			1	2	3	4
5	6	7	8	9	10	11
12	13	14	15	16	17	18
19	20	21	22	23	24	25
26	27	28	29	30	31	

April

Su	Mo	Tu	We	Th	Fr	Sa
						1
2	3	4	5	6	7	8
9	10	11	12	13	14	15
16	17	18	19	20	21	22
23	24	25	26	27	28	29
30						

May

Su	Mo	Tu	We	Th	Fr	Sa
	1	2	3	4	5	6
7	8	9	10	11	12	13
14	15	16	17	18	19	20
21	22	23	24	25	26	27
28	29	30	31			

June

Su	Mo	Tu	We	Th	Fr	Sa
				1	2	3
4	5	6	7	8	9	10
11	12	13	14	15	16	17
18	19	20	21	22	23	24
25	26	27	28	29	30	

July

Su	Mo	Tu	We	Th	Fr	Sa
						1
2	3	4	5	6	7	8
9	10	11	12	13	14	15
16	17	18	19	20	21	22
23	24	25	26	27	28	29
30	31					

August

Su	Mo	Tu	We	Th	Fr	Sa
		1	2	3	4	5
6	7	8	9	10	11	12
13	14	15	16	17	18	19
20	21	22	23	24	25	26
27	28	29	30	31		

September

Su	Mo	Tu	We	Th	Fr	Sa
					1	2
3	4	5	6	7	8	9
10	11	12	13	14	15	16
17	18	19	20	21	22	23
24	25	26	27	28	29	30

October

Su	Mo	Tu	We	Th	Fr	Sa
1	2	3	4	5	6	7
8	9	10	11	12	13	14
15	16	17	18	19	20	21
22	23	24	25	26	27	28
29	30	31				

November

Su	Mo	Tu	We	Th	Fr	Sa
		1	2	3	4	
5	6	7	8	9	10	11
12	13	14	15	16	17	18
19	20	21	22	23	24	25
26	27	28	29	30		

December

Su	Mo	Tu	We	Th	Fr	Sa
					1	2
3	4	5	6	7	8	9
10	11	12	13	14	15	16
17	18	19	20	21	22	23
24	25	26	27	28	29	30
31						

Notes

Appointment Log

Time		Mon	Tue	Wed	Thu ....
8 AM	:00				
	:15				
	:30				
	:45				
9 AM	:00				
	:15				
	:30				
	:45				
10 AM	:00				
	:15				
	:30				
	:45				
11 AM	:00				
	:15				
	:30				
	:45				
12 AM	:00				
	:15				
	:30				
	:45				
1 PM	:00				
	:15				
	:30				
	:45				
2 PM	:00				
	:15				
	:30				
	:45				
3 PM	:00				
	:15				
	:30				
	:45				
4 PM	:00				
	:15				
	:30				
	:45				
5 PM	:00				
	:15				
	:30				
	:45				
6 PM	:00				
	:15				
	:30				
	:45				
7 PM	:00				
	:15				
	:30				
	:45				
8 PM	:00				
	:15				
	:30				
	:45				
9 PM	:00				
	:15				
	:30				
	:45				

Appointment Log

Week : ....   Month : ....   Year: ....

Time		Fri	Sat	Sun	Notes
8 AM	:00				
	:15				
	:30				
	:45				
9 AM	:00				
	:15				
	:30				
	:45				
10 AM	:00				
	:15				
	:30				
	:45				
11 AM	:00				
	:15				
	:30				
	:45				
12 AM	:00				
	:15				
	:30				
	:45				
1 PM	:00				
	:15				
	:30				
	:45				
2 PM	:00				
	:15				
	:30				
	:45				
3 PM	:00				
	:15				
	:30				
	:45				
4 PM	:00				
	:15				
	:30				
	:45				
5 PM	:00				
	:15				
	:30				
	:45				
6 PM	:00				
	:15				
	:30				
	:45				
7 PM	:00				
	:15				
	:30				
	:45				
8 PM	:00				
	:15				
	:30				
	:45				
9 PM	:00				
	:15				
	:30				
	:45				

Appointment Log

Week : ....   Month : ....   Year: ....

Time		Mon	Tue	Wed	Thu ....
8 AM	:00				
	:15				
	:30				
	:45				
9 AM	:00				
	:15				
	:30				
	:45				
10 AM	:00				
	:15				
	:30				
	:45				
11 AM	:00				
	:15				
	:30				
	:45				
12 AM	:00				
	:15				
	:30				
	:45				
1 PM	:00				
	:15				
	:30				
	:45				
2 PM	:00				
	:15				
	:30				
	:45				
3 PM	:00				
	:15				
	:30				
	:45				
4 PM	:00				
	:15				
	:30				
	:45				
5 PM	:00				
	:15				
	:30				
	:45				
6 PM	:00				
	:15				
	:30				
	:45				
7 PM	:00				
	:15				
	:30				
	:45				
8 PM	:00				
	:15				
	:30				
	:45				
9 PM	:00				
	:15				
	:30				
	:45				

Appointment Log

Week : ....   Month : ....   Year: ....

Time		Fri	Sat	Sun	Notes
8 AM	:00				
	:15				
	:30				
	:45				
9 AM	:00				
	:15				
	:30				
	:45				
10 AM	:00				
	:15				
	:30				
	:45				
11 AM	:00				
	:15				
	:30				
	:45				
12 AM	:00				
	:15				
	:30				
	:45				
1 PM	:00				
	:15				
	:30				
	:45				
2 PM	:00				
	:15				
	:30				
	:45				
3 PM	:00				
	:15				
	:30				
	:45				
4 PM	:00				
	:15				
	:30				
	:45				
5 PM	:00				
	:15				
	:30				
	:45				
6 PM	:00				
	:15				
	:30				
	:45				
7 PM	:00				
	:15				
	:30				
	:45				
8 PM	:00				
	:15				
	:30				
	:45				
9 PM	:00				
	:15				
	:30				
	:45				

Appointment Log

Week : ....   Month : ....   Yaear: ....

Time		Mon	Tue	Wed	Thu ....
8 AM	:00				
	:15				
	:30				
	:45				
9 AM	:00				
	:15				
	:30				
	:45				
10 AM	:00				
	:15				
	:30				
	:45				
11 AM	:00				
	:15				
	:30				
	:45				
12 AM	:00				
	:15				
	:30				
	:45				
1 PM	:00				
	:15				
	:30				
	:45				
2 PM	:00				
	:15				
	:30				
	:45				
3 PM	:00				
	:15				
	:30				
	:45				
4 PM	:00				
	:15				
	:30				
	:45				
5 PM	:00				
	:15				
	:30				
	:45				
6 PM	:00				
	:15				
	:30				
	:45				
7 PM	:00				
	:15				
	:30				
	:45				
8 PM	:00				
	:15				
	:30				
	:45				
9 PM	:00				
	:15				
	:30				
	:45				

Appointment Log

Week : ....   Month : ....   Year: ....

Time		Fri	Sat	Sun	Notes
8 AM	:00				
	:15				
	:30				
	:45				
9 AM	:00				
	:15				
	:30				
	:45				
10 AM	:00				
	:15				
	:30				
	:45				
11 AM	:00				
	:15				
	:30				
	:45				
12 AM	:00				
	:15				
	:30				
	:45				
1 PM	:00				
	:15				
	:30				
	:45				
2 PM	:00				
	:15				
	:30				
	:45				
3 PM	:00				
	:15				
	:30				
	:45				
4 PM	:00				
	:15				
	:30				
	:45				
5 PM	:00				
	:15				
	:30				
	:45				
6 PM	:00				
	:15				
	:30				
	:45				
7 PM	:00				
	:15				
	:30				
	:45				
8 PM	:00				
	:15				
	:30				
	:45				
9 PM	:00				
	:15				
	:30				
	:45				

Appointment Log

Week : ....   Month : ....   Yaear: ....

Time		Mon	Tue	Wed	Thu ....
8 AM	:00				
	:15				
	:30				
	:45				
9 AM	:00				
	:15				
	:30				
	:45				
10 AM	:00				
	:15				
	:30				
	:45				
11 AM	:00				
	:15				
	:30				
	:45				
12 AM	:00				
	:15				
	:30				
	:45				
1 PM	:00				
	:15				
	:30				
	:45				
2 PM	:00				
	:15				
	:30				
	:45				
3 PM	:00				
	:15				
	:30				
	:45				
4 PM	:00				
	:15				
	:30				
	:45				
5 PM	:00				
	:15				
	:30				
	:45				
6 PM	:00				
	:15				
	:30				
	:45				
7 PM	:00				
	:15				
	:30				
	:45				
8 PM	:00				
	:15				
	:30				
	:45				
9 PM	:00				
	:15				
	:30				
	:45				

Appointment Log

Time		Fri	Sat	Sun	Notes
8 AM	:00				
	:15				
	:30				
	:45				
9 AM	:00				
	:15				
	:30				
	:45				
10 AM	:00				
	:15				
	:30				
	:45				
11 AM	:00				
	:15				
	:30				
	:45				
12 AM	:00				
	:15				
	:30				
	:45				
1 PM	:00				
	:15				
	:30				
	:45				
2 PM	:00				
	:15				
	:30				
	:45				
3 PM	:00				
	:15				
	:30				
	:45				
4 PM	:00				
	:15				
	:30				
	:45				
5 PM	:00				
	:15				
	:30				
	:45				
6 PM	:00				
	:15				
	:30				
	:45				
7 PM	:00				
	:15				
	:30				
	:45				
8 PM	:00				
	:15				
	:30				
	:45				
9 PM	:00				
	:15				
	:30				
	:45				

Appointment Log

Week : ....   Month : ....   Year: ....

Time		Mon	Tue	Wed	Thu ....
8 AM	:00				
	:15				
	:30				
	:45				
9 AM	:00				
	:15				
	:30				
	:45				
10 AM	:00				
	:15				
	:30				
	:45				
11 AM	:00				
	:15				
	:30				
	:45				
12 AM	:00				
	:15				
	:30				
	:45				
1 PM	:00				
	:15				
	:30				
	:45				
2 PM	:00				
	:15				
	:30				
	:45				
3 PM	:00				
	:15				
	:30				
	:45				
4 PM	:00				
	:15				
	:30				
	:45				
5 PM	:00				
	:15				
	:30				
	:45				
6 PM	:00				
	:15				
	:30				
	:45				
7 PM	:00				
	:15				
	:30				
	:45				
8 PM	:00				
	:15				
	:30				
	:45				
9 PM	:00				
	:15				
	:30				
	:45				

Appointment Log

Week : ....   Month : ....   Year: ....

Time		Fri	Sat	Sun	Notes
8 AM	:00				
	:15				
	:30				
	:45				
9 AM	:00				
	:15				
	:30				
	:45				
10 AM	:00				
	:15				
	:30				
	:45				
11 AM	:00				
	:15				
	:30				
	:45				
12 AM	:00				
	:15				
	:30				
	:45				
1 PM	:00				
	:15				
	:30				
	:45				
2 PM	:00				
	:15				
	:30				
	:45				
3 PM	:00				
	:15				
	:30				
	:45				
4 PM	:00				
	:15				
	:30				
	:45				
5 PM	:00				
	:15				
	:30				
	:45				
6 PM	:00				
	:15				
	:30				
	:45				
7 PM	:00				
	:15				
	:30				
	:45				
8 PM	:00				
	:15				
	:30				
	:45				
9 PM	:00				
	:15				
	:30				
	:45				

Appointment Log

Week : ....   Month : ....   Year: ....

Time		Mon	Tue	Wed	Thu ....
8 AM	:00				
	:15				
	:30				
	:45				
9 AM	:00				
	:15				
	:30				
	:45				
10 AM	:00				
	:15				
	:30				
	:45				
11 AM	:00				
	:15				
	:30				
	:45				
12 AM	:00				
	:15				
	:30				
	:45				
1 PM	:00				
	:15				
	:30				
	:45				
2 PM	:00				
	:15				
	:30				
	:45				
3 PM	:00				
	:15				
	:30				
	:45				
4 PM	:00				
	:15				
	:30				
	:45				
5 PM	:00				
	:15				
	:30				
	:45				
6 PM	:00				
	:15				
	:30				
	:45				
7 PM	:00				
	:15				
	:30				
	:45				
8 PM	:00				
	:15				
	:30				
	:45				
9 PM	:00				
	:15				
	:30				
	:45				

Appointment Log

Week : ....   Month : ....   Year : ....

Time		Fri	Sat	Sun	Notes
8 AM	:00				
	:15				
	:30				
	:45				
9 AM	:00				
	:15				
	:30				
	:45				
10 AM	:00				
	:15				
	:30				
	:45				
11 AM	:00				
	:15				
	:30				
	:45				
12 AM	:00				
	:15				
	:30				
	:45				
1 PM	:00				
	:15				
	:30				
	:45				
2 PM	:00				
	:15				
	:30				
	:45				
3 PM	:00				
	:15				
	:30				
	:45				
4 PM	:00				
	:15				
	:30				
	:45				
5 PM	:00				
	:15				
	:30				
	:45				
6 PM	:00				
	:15				
	:30				
	:45				
7 PM	:00				
	:15				
	:30				
	:45				
8 PM	:00				
	:15				
	:30				
	:45				
9 PM	:00				
	:15				
	:30				
	:45				

Appointment Log

Week : ....   Month : ....   Year: ....

Time		Mon	Tue	Wed	Thu ....
8 AM	:00				
	:15				
	:30				
	:45				
9 AM	:00				
	:15				
	:30				
	:45				
10 AM	:00				
	:15				
	:30				
	:45				
11 AM	:00				
	:15				
	:30				
	:45				
12 AM	:00				
	:15				
	:30				
	:45				
1 PM	:00				
	:15				
	:30				
	:45				
2 PM	:00				
	:15				
	:30				
	:45				
3 PM	:00				
	:15				
	:30				
	:45				
4 PM	:00				
	:15				
	:30				
	:45				
5 PM	:00				
	:15				
	:30				
	:45				
6 PM	:00				
	:15				
	:30				
	:45				
7 PM	:00				
	:15				
	:30				
	:45				
8 PM	:00				
	:15				
	:30				
	:45				
9 PM	:00				
	:15				
	:30				
	:45				

Appointment Log

Week : ....   Month : ....   Yaear: ....

Time		Fri	Sat	Sun	Notes
8 AM	:00				
	:15				
	:30				
	:45				
9 AM	:00				
	:15				
	:30				
	:45				
10 AM	:00				
	:15				
	:30				
	:45				
11 AM	:00				
	:15				
	:30				
	:45				
12 AM	:00				
	:15				
	:30				
	:45				
1 PM	:00				
	:15				
	:30				
	:45				
2 PM	:00				
	:15				
	:30				
	:45				
3 PM	:00				
	:15				
	:30				
	:45				
4 PM	:00				
	:15				
	:30				
	:45				
5 PM	:00				
	:15				
	:30				
	:45				
6 PM	:00				
	:15				
	:30				
	:45				
7 PM	:00				
	:15				
	:30				
	:45				
8 PM	:00				
	:15				
	:30				
	:45				
9 PM	:00				
	:15				
	:30				
	:45				

Appointment Log

Week : ....   Month : ....   Yaear: ....

Time		Mon	Tue	Wed	Thu ....
8 AM	:00				
	:15				
	:30				
	:45				
9 AM	:00				
	:15				
	:30				
	:45				
10 AM	:00				
	:15				
	:30				
	:45				
11 AM	:00				
	:15				
	:30				
	:45				
12 AM	:00				
	:15				
	:30				
	:45				
1 PM	:00				
	:15				
	:30				
	:45				
2 PM	:00				
	:15				
	:30				
	:45				
3 PM	:00				
	:15				
	:30				
	:45				
4 PM	:00				
	:15				
	:30				
	:45				
5 PM	:00				
	:15				
	:30				
	:45				
6 PM	:00				
	:15				
	:30				
	:45				
7 PM	:00				
	:15				
	:30				
	:45				
8 PM	:00				
	:15				
	:30				
	:45				
9 PM	:00				
	:15				
	:30				
	:45				

Appointment Log

Week : ....   Month : ....   Yaear: ....

Time		Fri	Sat	Sun	Notes
8 AM	:00				
	:15				
	:30				
	:45				
9 AM	:00				
	:15				
	:30				
	:45				
10 AM	:00				
	:15				
	:30				
	:45				
11 AM	:00				
	:15				
	:30				
	:45				
12 AM	:00				
	:15				
	:30				
	:45				
1 PM	:00				
	:15				
	:30				
	:45				
2 PM	:00				
	:15				
	:30				
	:45				
3 PM	:00				
	:15				
	:30				
	:45				
4 PM	:00				
	:15				
	:30				
	:45				
5 PM	:00				
	:15				
	:30				
	:45				
6 PM	:00				
	:15				
	:30				
	:45				
7 PM	:00				
	:15				
	:30				
	:45				
8 PM	:00				
	:15				
	:30				
	:45				
9 PM	:00				
	:15				
	:30				
	:45				

Appointment Log

Week : ....   Month : ....   Year: ....

Time		Mon	Tue	Wed	Thu ....
8 AM	:00				
	:15				
	:30				
	:45				
9 AM	:00				
	:15				
	:30				
	:45				
10 AM	:00				
	:15				
	:30				
	:45				
11 AM	:00				
	:15				
	:30				
	:45				
12 AM	:00				
	:15				
	:30				
	:45				
1 PM	:00				
	:15				
	:30				
	:45				
2 PM	:00				
	:15				
	:30				
	:45				
3 PM	:00				
	:15				
	:30				
	:45				
4 PM	:00				
	:15				
	:30				
	:45				
5 PM	:00				
	:15				
	:30				
	:45				
6 PM	:00				
	:15				
	:30				
	:45				
7 PM	:00				
	:15				
	:30				
	:45				
8 PM	:00				
	:15				
	:30				
	:45				
9 PM	:00				
	:15				
	:30				
	:45				

Appointment Log

Week : ....   Month : ....   Yaear: ....

Time		Fri	Sat	Sun	Notes
8 AM	:00				
	:15				
	:30				
	:45				
9 AM	:00				
	:15				
	:30				
	:45				
10 AM	:00				
	:15				
	:30				
	:45				
11 AM	:00				
	:15				
	:30				
	:45				
12 AM	:00				
	:15				
	:30				
	:45				
1 PM	:00				
	:15				
	:30				
	:45				
2 PM	:00				
	:15				
	:30				
	:45				
3 PM	:00				
	:15				
	:30				
	:45				
4 PM	:00				
	:15				
	:30				
	:45				
5 PM	:00				
	:15				
	:30				
	:45				
6 PM	:00				
	:15				
	:30				
	:45				
7 PM	:00				
	:15				
	:30				
	:45				
8 PM	:00				
	:15				
	:30				
	:45				
9 PM	:00				
	:15				
	:30				
	:45				

Appointment Log

Time		Mon	Tue	Wed	Thu ....
8 AM	:00				
	:15				
	:30				
	:45				
9 AM	:00				
	:15				
	:30				
	:45				
10 AM	:00				
	:15				
	:30				
	:45				
11 AM	:00				
	:15				
	:30				
	:45				
12 AM	:00				
	:15				
	:30				
	:45				
1 PM	:00				
	:15				
	:30				
	:45				
2 PM	:00				
	:15				
	:30				
	:45				
3 PM	:00				
	:15				
	:30				
	:45				
4 PM	:00				
	:15				
	:30				
	:45				
5 PM	:00				
	:15				
	:30				
	:45				
6 PM	:00				
	:15				
	:30				
	:45				
7 PM	:00				
	:15				
	:30				
	:45				
8 PM	:00				
	:15				
	:30				
	:45				
9 PM	:00				
	:15				
	:30				
	:45				

Appointment Log

Week : ....   Month : ....   Yaear: ....

Time		Fri	Sat	Sun	Notes
8 AM	:00				
	:15				
	:30				
	:45				
9 AM	:00				
	:15				
	:30				
	:45				
10 AM	:00				
	:15				
	:30				
	:45				
11 AM	:00				
	:15				
	:30				
	:45				
12 AM	:00				
	:15				
	:30				
	:45				
1 PM	:00				
	:15				
	:30				
	:45				
2 PM	:00				
	:15				
	:30				
	:45				
3 PM	:00				
	:15				
	:30				
	:45				
4 PM	:00				
	:15				
	:30				
	:45				
5 PM	:00				
	:15				
	:30				
	:45				
6 PM	:00				
	:15				
	:30				
	:45				
7 PM	:00				
	:15				
	:30				
	:45				
8 PM	:00				
	:15				
	:30				
	:45				
9 PM	:00				
	:15				
	:30				
	:45				

Appointment Log

Week : ....   Month : ....   Year: ....

Time		Mon	Tue	Wed	Thu ....
8 AM	:00				
	:15				
	:30				
	:45				
9 AM	:00				
	:15				
	:30				
	:45				
10 AM	:00				
	:15				
	:30				
	:45				
11 AM	:00				
	:15				
	:30				
	:45				
12 AM	:00				
	:15				
	:30				
	:45				
1 PM	:00				
	:15				
	:30				
	:45				
2 PM	:00				
	:15				
	:30				
	:45				
3 PM	:00				
	:15				
	:30				
	:45				
4 PM	:00				
	:15				
	:30				
	:45				
5 PM	:00				
	:15				
	:30				
	:45				
6 PM	:00				
	:15				
	:30				
	:45				
7 PM	:00				
	:15				
	:30				
	:45				
8 PM	:00				
	:15				
	:30				
	:45				
9 PM	:00				
	:15				
	:30				
	:45				

Appointment Log

Week : ....   Month : ....   Year: ....

Time		Fri	Sat	Sun	Notes
8 AM	:00				
	:15				
	:30				
	:45				
9 AM	:00				
	:15				
	:30				
	:45				
10 AM	:00				
	:15				
	:30				
	:45				
11 AM	:00				
	:15				
	:30				
	:45				
12 AM	:00				
	:15				
	:30				
	:45				
1 PM	:00				
	:15				
	:30				
	:45				
2 PM	:00				
	:15				
	:30				
	:45				
3 PM	:00				
	:15				
	:30				
	:45				
4 PM	:00				
	:15				
	:30				
	:45				
5 PM	:00				
	:15				
	:30				
	:45				
6 PM	:00				
	:15				
	:30				
	:45				
7 PM	:00				
	:15				
	:30				
	:45				
8 PM	:00				
	:15				
	:30				
	:45				
9 PM	:00				
	:15				
	:30				
	:45				

Appointment Log

Week : ....   Month : ....   Yaear: ....

Time		Mon	Tue	Wed	Thu ....
8 AM	:00				
	:15				
	:30				
	:45				
9 AM	:00				
	:15				
	:30				
	:45				
10 AM	:00				
	:15				
	:30				
	:45				
11 AM	:00				
	:15				
	:30				
	:45				
12 AM	:00				
	:15				
	:30				
	:45				
1 PM	:00				
	:15				
	:30				
	:45				
2 PM	:00				
	:15				
	:30				
	:45				
3 PM	:00				
	:15				
	:30				
	:45				
4 PM	:00				
	:15				
	:30				
	:45				
5 PM	:00				
	:15				
	:30				
	:45				
6 PM	:00				
	:15				
	:30				
	:45				
7 PM	:00				
	:15				
	:30				
	:45				
8 PM	:00				
	:15				
	:30				
	:45				
9 PM	:00				
	:15				
	:30				
	:45				

Appointment Log

Week : ....   Month : ....   Year: ....

Time		Fri	Sat	Sun	Notes
8 AM	:00				
	:15				
	:30				
	:45				
9 AM	:00				
	:15				
	:30				
	:45				
10 AM	:00				
	:15				
	:30				
	:45				
11 AM	:00				
	:15				
	:30				
	:45				
12 AM	:00				
	:15				
	:30				
	:45				
1 PM	:00				
	:15				
	:30				
	:45				
2 PM	:00				
	:15				
	:30				
	:45				
3 PM	:00				
	:15				
	:30				
	:45				
4 PM	:00				
	:15				
	:30				
	:45				
5 PM	:00				
	:15				
	:30				
	:45				
6 PM	:00				
	:15				
	:30				
	:45				
7 PM	:00				
	:15				
	:30				
	:45				
8 PM	:00				
	:15				
	:30				
	:45				
9 PM	:00				
	:15				
	:30				
	:45				

Appointment Log

Time		Mon	Tue	Wed	Thu ....
8 AM	:00				
	:15				
	:30				
	:45				
9 AM	:00				
	:15				
	:30				
	:45				
10 AM	:00				
	:15				
	:30				
	:45				
11 AM	:00				
	:15				
	:30				
	:45				
12 AM	:00				
	:15				
	:30				
	:45				
1 PM	:00				
	:15				
	:30				
	:45				
2 PM	:00				
	:15				
	:30				
	:45				
3 PM	:00				
	:15				
	:30				
	:45				
4 PM	:00				
	:15				
	:30				
	:45				
5 PM	:00				
	:15				
	:30				
	:45				
6 PM	:00				
	:15				
	:30				
	:45				
7 PM	:00				
	:15				
	:30				
	:45				
8 PM	:00				
	:15				
	:30				
	:45				
9 PM	:00				
	:15				
	:30				
	:45				

Appointment Log

Week : ....   Month : ....   Yaear: ....

Time		Fri	Sat	Sun	Notes
8 AM	:00				
	:15				
	:30				
	:45				
9 AM	:00				
	:15				
	:30				
	:45				
10 AM	:00				
	:15				
	:30				
	:45				
11 AM	:00				
	:15				
	:30				
	:45				
12 AM	:00				
	:15				
	:30				
	:45				
1 PM	:00				
	:15				
	:30				
	:45				
2 PM	:00				
	:15				
	:30				
	:45				
3 PM	:00				
	:15				
	:30				
	:45				
4 PM	:00				
	:15				
	:30				
	:45				
5 PM	:00				
	:15				
	:30				
	:45				
6 PM	:00				
	:15				
	:30				
	:45				
7 PM	:00				
	:15				
	:30				
	:45				
8 PM	:00				
	:15				
	:30				
	:45				
9 PM	:00				
	:15				
	:30				
	:45				

Appointment Log

Week : ....   Month : ....   Year: ....

Time		Mon	Tue	Wed	Thu ....
8 AM	:00				
	:15				
	:30				
	:45				
9 AM	:00				
	:15				
	:30				
	:45				
10 AM	:00				
	:15				
	:30				
	:45				
11 AM	:00				
	:15				
	:30				
	:45				
12 AM	:00				
	:15				
	:30				
	:45				
1 PM	:00				
	:15				
	:30				
	:45				
2 PM	:00				
	:15				
	:30				
	:45				
3 PM	:00				
	:15				
	:30				
	:45				
4 PM	:00				
	:15				
	:30				
	:45				
5 PM	:00				
	:15				
	:30				
	:45				
6 PM	:00				
	:15				
	:30				
	:45				
7 PM	:00				
	:15				
	:30				
	:45				
8 PM	:00				
	:15				
	:30				
	:45				
9 PM	:00				
	:15				
	:30				
	:45				

Appointment Log

Time		Fri	Sat	Sun	Notes
8 AM	:00				
	:15				
	:30				
	:45				
9 AM	:00				
	:15				
	:30				
	:45				
10 AM	:00				
	:15				
	:30				
	:45				
11 AM	:00				
	:15				
	:30				
	:45				
12 AM	:00				
	:15				
	:30				
	:45				
1 PM	:00				
	:15				
	:30				
	:45				
2 PM	:00				
	:15				
	:30				
	:45				
3 PM	:00				
	:15				
	:30				
	:45				
4 PM	:00				
	:15				
	:30				
	:45				
5 PM	:00				
	:15				
	:30				
	:45				
6 PM	:00				
	:15				
	:30				
	:45				
7 PM	:00				
	:15				
	:30				
	:45				
8 PM	:00				
	:15				
	:30				
	:45				
9 PM	:00				
	:15				
	:30				
	:45				

Appointment Log

Week : ....   Month : ....   Year: ....

Time		Mon	Tue	Wed	Thu ....
8 AM	:00				
	:15				
	:30				
	:45				
9 AM	:00				
	:15				
	:30				
	:45				
10 AM	:00				
	:15				
	:30				
	:45				
11 AM	:00				
	:15				
	:30				
	:45				
12 AM	:00				
	:15				
	:30				
	:45				
1 PM	:00				
	:15				
	:30				
	:45				
2 PM	:00				
	:15				
	:30				
	:45				
3 PM	:00				
	:15				
	:30				
	:45				
4 PM	:00				
	:15				
	:30				
	:45				
5 PM	:00				
	:15				
	:30				
	:45				
6 PM	:00				
	:15				
	:30				
	:45				
7 PM	:00				
	:15				
	:30				
	:45				
8 PM	:00				
	:15				
	:30				
	:45				
9 PM	:00				
	:15				
	:30				
	:45				

Appointment Log

Week : ....   Month : ....   Year: ....

Time		Fri	Sat	Sun	Notes
8 AM	:00				
	:15				
	:30				
	:45				
9 AM	:00				
	:15				
	:30				
	:45				
10 AM	:00				
	:15				
	:30				
	:45				
11 AM	:00				
	:15				
	:30				
	:45				
12 AM	:00				
	:15				
	:30				
	:45				
1 PM	:00				
	:15				
	:30				
	:45				
2 PM	:00				
	:15				
	:30				
	:45				
3 PM	:00				
	:15				
	:30				
	:45				
4 PM	:00				
	:15				
	:30				
	:45				
5 PM	:00				
	:15				
	:30				
	:45				
6 PM	:00				
	:15				
	:30				
	:45				
7 PM	:00				
	:15				
	:30				
	:45				
8 PM	:00				
	:15				
	:30				
	:45				
9 PM	:00				
	:15				
	:30				
	:45				

Appointment Log

Week : ....   Month : ....   Year: ....

Time		Mon	Tue	Wed	Thu ....
8 AM	:00				
	:15				
	:30				
	:45				
9 AM	:00				
	:15				
	:30				
	:45				
10 AM	:00				
	:15				
	:30				
	:45				
11 AM	:00				
	:15				
	:30				
	:45				
12 AM	:00				
	:15				
	:30				
	:45				
1 PM	:00				
	:15				
	:30				
	:45				
2 PM	:00				
	:15				
	:30				
	:45				
3 PM	:00				
	:15				
	:30				
	:45				
4 PM	:00				
	:15				
	:30				
	:45				
5 PM	:00				
	:15				
	:30				
	:45				
6 PM	:00				
	:15				
	:30				
	:45				
7 PM	:00				
	:15				
	:30				
	:45				
8 PM	:00				
	:15				
	:30				
	:45				
9 PM	:00				
	:15				
	:30				
	:45				

Appointment Log

Week : ....   Month : ....   Year: ....

Time		Fri	Sat	Sun	Notes
8 AM	:00				
	:15				
	:30				
	:45				
9 AM	:00				
	:15				
	:30				
	:45				
10 AM	:00				
	:15				
	:30				
	:45				
11 AM	:00				
	:15				
	:30				
	:45				
12 AM	:00				
	:15				
	:30				
	:45				
1 PM	:00				
	:15				
	:30				
	:45				
2 PM	:00				
	:15				
	:30				
	:45				
3 PM	:00				
	:15				
	:30				
	:45				
4 PM	:00				
	:15				
	:30				
	:45				
5 PM	:00				
	:15				
	:30				
	:45				
6 PM	:00				
	:15				
	:30				
	:45				
7 PM	:00				
	:15				
	:30				
	:45				
8 PM	:00				
	:15				
	:30				
	:45				
9 PM	:00				
	:15				
	:30				
	:45				

Appointment Log

Week : ....   Month : ....   Yaear: ....

Time		Mon	Tue	Wed	Thu ....
8 AM	:00				
	:15				
	:30				
	:45				
9 AM	:00				
	:15				
	:30				
	:45				
10 AM	:00				
	:15				
	:30				
	:45				
11 AM	:00				
	:15				
	:30				
	:45				
12 AM	:00				
	:15				
	:30				
	:45				
1 PM	:00				
	:15				
	:30				
	:45				
2 PM	:00				
	:15				
	:30				
	:45				
3 PM	:00				
	:15				
	:30				
	:45				
4 PM	:00				
	:15				
	:30				
	:45				
5 PM	:00				
	:15				
	:30				
	:45				
6 PM	:00				
	:15				
	:30				
	:45				
7 PM	:00				
	:15				
	:30				
	:45				
8 PM	:00				
	:15				
	:30				
	:45				
9 PM	:00				
	:15				
	:30				
	:45				

Appointment Log

Week : ....   Month : ....   Year: ....

Time		Fri	Sat	Sun	Notes
8 AM	:00				
	:15				
	:30				
	:45				
9 AM	:00				
	:15				
	:30				
	:45				
10 AM	:00				
	:15				
	:30				
	:45				
11 AM	:00				
	:15				
	:30				
	:45				
12 AM	:00				
	:15				
	:30				
	:45				
1 PM	:00				
	:15				
	:30				
	:45				
2 PM	:00				
	:15				
	:30				
	:45				
3 PM	:00				
	:15				
	:30				
	:45				
4 PM	:00				
	:15				
	:30				
	:45				
5 PM	:00				
	:15				
	:30				
	:45				
6 PM	:00				
	:15				
	:30				
	:45				
7 PM	:00				
	:15				
	:30				
	:45				
8 PM	:00				
	:15				
	:30				
	:45				
9 PM	:00				
	:15				
	:30				
	:45				

Appointment Log

Time		Mon	Tue	Wed	Thu ....
8 AM	:00				
	:15				
	:30				
	:45				
9 AM	:00				
	:15				
	:30				
	:45				
10 AM	:00				
	:15				
	:30				
	:45				
11 AM	:00				
	:15				
	:30				
	:45				
12 AM	:00				
	:15				
	:30				
	:45				
1 PM	:00				
	:15				
	:30				
	:45				
2 PM	:00				
	:15				
	:30				
	:45				
3 PM	:00				
	:15				
	:30				
	:45				
4 PM	:00				
	:15				
	:30				
	:45				
5 PM	:00				
	:15				
	:30				
	:45				
6 PM	:00				
	:15				
	:30				
	:45				
7 PM	:00				
	:15				
	:30				
	:45				
8 PM	:00				
	:15				
	:30				
	:45				
9 PM	:00				
	:15				
	:30				
	:45				

Appointment Log

Week : ....   Month : ....   Year : ....

Time		Fri	Sat	Sun	Notes
8 AM	:00				
	:15				
	:30				
	:45				
9 AM	:00				
	:15				
	:30				
	:45				
10 AM	:00				
	:15				
	:30				
	:45				
11 AM	:00				
	:15				
	:30				
	:45				
12 AM	:00				
	:15				
	:30				
	:45				
1 PM	:00				
	:15				
	:30				
	:45				
2 PM	:00				
	:15				
	:30				
	:45				
3 PM	:00				
	:15				
	:30				
	:45				
4 PM	:00				
	:15				
	:30				
	:45				
5 PM	:00				
	:15				
	:30				
	:45				
6 PM	:00				
	:15				
	:30				
	:45				
7 PM	:00				
	:15				
	:30				
	:45				
8 PM	:00				
	:15				
	:30				
	:45				
9 PM	:00				
	:15				
	:30				
	:45				

Appointment Log

Week : ....   Month : ....   Yaear: ....

Time		Mon	Tue	Wed	Thu ....
8 AM	:00				
	:15				
	:30				
	:45				
9 AM	:00				
	:15				
	:30				
	:45				
10 AM	:00				
	:15				
	:30				
	:45				
11 AM	:00				
	:15				
	:30				
	:45				
12 AM	:00				
	:15				
	:30				
	:45				
1 PM	:00				
	:15				
	:30				
	:45				
2 PM	:00				
	:15				
	:30				
	:45				
3 PM	:00				
	:15				
	:30				
	:45				
4 PM	:00				
	:15				
	:30				
	:45				
5 PM	:00				
	:15				
	:30				
	:45				
6 PM	:00				
	:15				
	:30				
	:45				
7 PM	:00				
	:15				
	:30				
	:45				
8 PM	:00				
	:15				
	:30				
	:45				
9 PM	:00				
	:15				
	:30				
	:45				

Appointment Log

Week : ....   Month : ....   Yaear: ....

Time		Fri	Sat	Sun	Notes
8 AM	:00				
	:15				
	:30				
	:45				
9 AM	:00				
	:15				
	:30				
	:45				
10 AM	:00				
	:15				
	:30				
	:45				
11 AM	:00				
	:15				
	:30				
	:45				
12 AM	:00				
	:15				
	:30				
	:45				
1 PM	:00				
	:15				
	:30				
	:45				
2 PM	:00				
	:15				
	:30				
	:45				
3 PM	:00				
	:15				
	:30				
	:45				
4 PM	:00				
	:15				
	:30				
	:45				
5 PM	:00				
	:15				
	:30				
	:45				
6 PM	:00				
	:15				
	:30				
	:45				
7 PM	:00				
	:15				
	:30				
	:45				
8 PM	:00				
	:15				
	:30				
	:45				
9 PM	:00				
	:15				
	:30				
	:45				

Appointment Log

Week : ....   Month : ....   Year: ....

Time		Mon	Tue	Wed	Thu ....
8 AM	:00				
	:15				
	:30				
	:45				
9 AM	:00				
	:15				
	:30				
	:45				
10 AM	:00				
	:15				
	:30				
	:45				
11 AM	:00				
	:15				
	:30				
	:45				
12 AM	:00				
	:15				
	:30				
	:45				
1 PM	:00				
	:15				
	:30				
	:45				
2 PM	:00				
	:15				
	:30				
	:45				
3 PM	:00				
	:15				
	:30				
	:45				
4 PM	:00				
	:15				
	:30				
	:45				
5 PM	:00				
	:15				
	:30				
	:45				
6 PM	:00				
	:15				
	:30				
	:45				
7 PM	:00				
	:15				
	:30				
	:45				
8 PM	:00				
	:15				
	:30				
	:45				
9 PM	:00				
	:15				
	:30				
	:45				

Appointment Log

Week : .... Month : .... Yaear: ....

Time		Fri	Sat	Sun	Notes
8 AM	:00				
	:15				
	:30				
	:45				
9 AM	:00				
	:15				
	:30				
	:45				
10 AM	:00				
	:15				
	:30				
	:45				
11 AM	:00				
	:15				
	:30				
	:45				
12 AM	:00				
	:15				
	:30				
	:45				
1 PM	:00				
	:15				
	:30				
	:45				
2 PM	:00				
	:15				
	:30				
	:45				
3 PM	:00				
	:15				
	:30				
	:45				
4 PM	:00				
	:15				
	:30				
	:45				
5 PM	:00				
	:15				
	:30				
	:45				
6 PM	:00				
	:15				
	:30				
	:45				
7 PM	:00				
	:15				
	:30				
	:45				
8 PM	:00				
	:15				
	:30				
	:45				
9 PM	:00				
	:15				
	:30				
	:45				

Appointment Log

Week : ....   Month : ....   Yaear: ....

Time		Mon	Tue	Wed	Thu ....
8 AM	:00				
	:15				
	:30				
	:45				
9 AM	:00				
	:15				
	:30				
	:45				
10 AM	:00				
	:15				
	:30				
	:45				
11 AM	:00				
	:15				
	:30				
	:45				
12 AM	:00				
	:15				
	:30				
	:45				
1 PM	:00				
	:15				
	:30				
	:45				
2 PM	:00				
	:15				
	:30				
	:45				
3 PM	:00				
	:15				
	:30				
	:45				
4 PM	:00				
	:15				
	:30				
	:45				
5 PM	:00				
	:15				
	:30				
	:45				
6 PM	:00				
	:15				
	:30				
	:45				
7 PM	:00				
	:15				
	:30				
	:45				
8 PM	:00				
	:15				
	:30				
	:45				
9 PM	:00				
	:15				
	:30				
	:45				

Appointment Log

Week : ....   Month : ....   Yaear: ....

Time		Fri	Sat	Sun	Notes
8 AM	:00				
	:15				
	:30				
	:45				
9 AM	:00				
	:15				
	:30				
	:45				
10 AM	:00				
	:15				
	:30				
	:45				
11 AM	:00				
	:15				
	:30				
	:45				
12 AM	:00				
	:15				
	:30				
	:45				
1 PM	:00				
	:15				
	:30				
	:45				
2 PM	:00				
	:15				
	:30				
	:45				
3 PM	:00				
	:15				
	:30				
	:45				
4 PM	:00				
	:15				
	:30				
	:45				
5 PM	:00				
	:15				
	:30				
	:45				
6 PM	:00				
	:15				
	:30				
	:45				
7 PM	:00				
	:15				
	:30				
	:45				
8 PM	:00				
	:15				
	:30				
	:45				
9 PM	:00				
	:15				
	:30				
	:45				

Appointment Log

Time		Mon	Tue	Wed	Thu ....
8 AM	:00				
	:15				
	:30				
	:45				
9 AM	:00				
	:15				
	:30				
	:45				
10 AM	:00				
	:15				
	:30				
	:45				
11 AM	:00				
	:15				
	:30				
	:45				
12 AM	:00				
	:15				
	:30				
	:45				
1 PM	:00				
	:15				
	:30				
	:45				
2 PM	:00				
	:15				
	:30				
	:45				
3 PM	:00				
	:15				
	:30				
	:45				
4 PM	:00				
	:15				
	:30				
	:45				
5 PM	:00				
	:15				
	:30				
	:45				
6 PM	:00				
	:15				
	:30				
	:45				
7 PM	:00				
	:15				
	:30				
	:45				
8 PM	:00				
	:15				
	:30				
	:45				
9 PM	:00				
	:15				
	:30				
	:45				

Appointment Log

Week : ....   Month : ....   Yaear: ....

Time		Fri	Sat	Sun	Notes
8 AM	:00				
	:15				
	:30				
	:45				
9 AM	:00				
	:15				
	:30				
	:45				
10 AM	:00				
	:15				
	:30				
	:45				
11 AM	:00				
	:15				
	:30				
	:45				
12 AM	:00				
	:15				
	:30				
	:45				
1 PM	:00				
	:15				
	:30				
	:45				
2 PM	:00				
	:15				
	:30				
	:45				
3 PM	:00				
	:15				
	:30				
	:45				
4 PM	:00				
	:15				
	:30				
	:45				
5 PM	:00				
	:15				
	:30				
	:45				
6 PM	:00				
	:15				
	:30				
	:45				
7 PM	:00				
	:15				
	:30				
	:45				
8 PM	:00				
	:15				
	:30				
	:45				
9 PM	:00				
	:15				
	:30				
	:45				

Appointment Log

Week : ....   Month : ....   Yaear: ....

Time		Mon	Tue	Wed	Thu ....
8 AM	:00				
	:15				
	:30				
	:45				
9 AM	:00				
	:15				
	:30				
	:45				
10 AM	:00				
	:15				
	:30				
	:45				
11 AM	:00				
	:15				
	:30				
	:45				
12 AM	:00				
	:15				
	:30				
	:45				
1 PM	:00				
	:15				
	:30				
	:45				
2 PM	:00				
	:15				
	:30				
	:45				
3 PM	:00				
	:15				
	:30				
	:45				
4 PM	:00				
	:15				
	:30				
	:45				
5 PM	:00				
	:15				
	:30				
	:45				
6 PM	:00				
	:15				
	:30				
	:45				
7 PM	:00				
	:15				
	:30				
	:45				
8 PM	:00				
	:15				
	:30				
	:45				
9 PM	:00				
	:15				
	:30				
	:45				

Appointment Log

Week : ....   Month : ....   Yaear: ....

Time		Fri	Sat	Sun	Notes
8 AM	:00				
	:15				
	:30				
	:45				
9 AM	:00				
	:15				
	:30				
	:45				
10 AM	:00				
	:15				
	:30				
	:45				
11 AM	:00				
	:15				
	:30				
	:45				
12 AM	:00				
	:15				
	:30				
	:45				
1 PM	:00				
	:15				
	:30				
	:45				
2 PM	:00				
	:15				
	:30				
	:45				
3 PM	:00				
	:15				
	:30				
	:45				
4 PM	:00				
	:15				
	:30				
	:45				
5 PM	:00				
	:15				
	:30				
	:45				
6 PM	:00				
	:15				
	:30				
	:45				
7 PM	:00				
	:15				
	:30				
	:45				
8 PM	:00				
	:15				
	:30				
	:45				
9 PM	:00				
	:15				
	:30				
	:45				

Appointment Log

Week : ....   Month : ....   Year: ....

Time		Mon	Tue	Wed	Thu ....
8 AM	:00				
	:15				
	:30				
	:45				
9 AM	:00				
	:15				
	:30				
	:45				
10 AM	:00				
	:15				
	:30				
	:45				
11 AM	:00				
	:15				
	:30				
	:45				
12 AM	:00				
	:15				
	:30				
	:45				
1 PM	:00				
	:15				
	:30				
	:45				
2 PM	:00				
	:15				
	:30				
	:45				
3 PM	:00				
	:15				
	:30				
	:45				
4 PM	:00				
	:15				
	:30				
	:45				
5 PM	:00				
	:15				
	:30				
	:45				
6 PM	:00				
	:15				
	:30				
	:45				
7 PM	:00				
	:15				
	:30				
	:45				
8 PM	:00				
	:15				
	:30				
	:45				
9 PM	:00				
	:15				
	:30				
	:45				

Appointment Log

Week : ....   Month : ....   Yaear: ....

Time		Fri	Sat	Sun	Notes
8 AM	:00				
	:15				
	:30				
	:45				
9 AM	:00				
	:15				
	:30				
	:45				
10 AM	:00				
	:15				
	:30				
	:45				
11 AM	:00				
	:15				
	:30				
	:45				
12 AM	:00				
	:15				
	:30				
	:45				
1 PM	:00				
	:15				
	:30				
	:45				
2 PM	:00				
	:15				
	:30				
	:45				
3 PM	:00				
	:15				
	:30				
	:45				
4 PM	:00				
	:15				
	:30				
	:45				
5 PM	:00				
	:15				
	:30				
	:45				
6 PM	:00				
	:15				
	:30				
	:45				
7 PM	:00				
	:15				
	:30				
	:45				
8 PM	:00				
	:15				
	:30				
	:45				
9 PM	:00				
	:15				
	:30				
	:45				

Appointment Log

Week : ....   Month : ....   Year: ....

Time		Mon	Tue	Wed	Thu ....
8 AM	:00				
	:15				
	:30				
	:45				
9 AM	:00				
	:15				
	:30				
	:45				
10 AM	:00				
	:15				
	:30				
	:45				
11 AM	:00				
	:15				
	:30				
	:45				
12 AM	:00				
	:15				
	:30				
	:45				
1 PM	:00				
	:15				
	:30				
	:45				
2 PM	:00				
	:15				
	:30				
	:45				
3 PM	:00				
	:15				
	:30				
	:45				
4 PM	:00				
	:15				
	:30				
	:45				
5 PM	:00				
	:15				
	:30				
	:45				
6 PM	:00				
	:15				
	:30				
	:45				
7 PM	:00				
	:15				
	:30				
	:45				
8 PM	:00				
	:15				
	:30				
	:45				
9 PM	:00				
	:15				
	:30				
	:45				

Appointment Log

Week : ....   Month : ....   Year: ....

Time		Fri	Sat	Sun	Notes
8 AM	:00				
	:15				
	:30				
	:45				
9 AM	:00				
	:15				
	:30				
	:45				
10 AM	:00				
	:15				
	:30				
	:45				
11 AM	:00				
	:15				
	:30				
	:45				
12 AM	:00				
	:15				
	:30				
	:45				
1 PM	:00				
	:15				
	:30				
	:45				
2 PM	:00				
	:15				
	:30				
	:45				
3 PM	:00				
	:15				
	:30				
	:45				
4 PM	:00				
	:15				
	:30				
	:45				
5 PM	:00				
	:15				
	:30				
	:45				
6 PM	:00				
	:15				
	:30				
	:45				
7 PM	:00				
	:15				
	:30				
	:45				
8 PM	:00				
	:15				
	:30				
	:45				
9 PM	:00				
	:15				
	:30				
	:45				

Appointment Log

Week : ....   Month : ....   Year: ....

Time		Mon	Tue	Wed	Thu ....
8 AM	:00				
	:15				
	:30				
	:45				
9 AM	:00				
	:15				
	:30				
	:45				
10 AM	:00				
	:15				
	:30				
	:45				
11 AM	:00				
	:15				
	:30				
	:45				
12 AM	:00				
	:15				
	:30				
	:45				
1 PM	:00				
	:15				
	:30				
	:45				
2 PM	:00				
	:15				
	:30				
	:45				
3 PM	:00				
	:15				
	:30				
	:45				
4 PM	:00				
	:15				
	:30				
	:45				
5 PM	:00				
	:15				
	:30				
	:45				
6 PM	:00				
	:15				
	:30				
	:45				
7 PM	:00				
	:15				
	:30				
	:45				
8 PM	:00				
	:15				
	:30				
	:45				
9 PM	:00				
	:15				
	:30				
	:45				

Appointment Log

Week : ....   Month : ....   Yaear: ....

Time		Fri	Sat	Sun	Notes
8 AM	:00				
	:15				
	:30				
	:45				
9 AM	:00				
	:15				
	:30				
	:45				
10 AM	:00				
	:15				
	:30				
	:45				
11 AM	:00				
	:15				
	:30				
	:45				
12 AM	:00				
	:15				
	:30				
	:45				
1 PM	:00				
	:15				
	:30				
	:45				
2 PM	:00				
	:15				
	:30				
	:45				
3 PM	:00				
	:15				
	:30				
	:45				
4 PM	:00				
	:15				
	:30				
	:45				
5 PM	:00				
	:15				
	:30				
	:45				
6 PM	:00				
	:15				
	:30				
	:45				
7 PM	:00				
	:15				
	:30				
	:45				
8 PM	:00				
	:15				
	:30				
	:45				
9 PM	:00				
	:15				
	:30				
	:45				

Appointment Log

Week : ....   Month : ....   Year: ....

Time		Mon	Tue	Wed	Thu ....
8 AM	:00				
	:15				
	:30				
	:45				
9 AM	:00				
	:15				
	:30				
	:45				
10 AM	:00				
	:15				
	:30				
	:45				
11 AM	:00				
	:15				
	:30				
	:45				
12 AM	:00				
	:15				
	:30				
	:45				
1 PM	:00				
	:15				
	:30				
	:45				
2 PM	:00				
	:15				
	:30				
	:45				
3 PM	:00				
	:15				
	:30				
	:45				
4 PM	:00				
	:15				
	:30				
	:45				
5 PM	:00				
	:15				
	:30				
	:45				
6 PM	:00				
	:15				
	:30				
	:45				
7 PM	:00				
	:15				
	:30				
	:45				
8 PM	:00				
	:15				
	:30				
	:45				
9 PM	:00				
	:15				
	:30				
	:45				

Appointment Log

Week : ....   Month : ....   Yaear: ....

Time		Fri	Sat	Sun	Notes
8 AM	:00				
	:15				
	:30				
	:45				
9 AM	:00				
	:15				
	:30				
	:45				
10 AM	:00				
	:15				
	:30				
	:45				
11 AM	:00				
	:15				
	:30				
	:45				
12 AM	:00				
	:15				
	:30				
	:45				
1 PM	:00				
	:15				
	:30				
	:45				
2 PM	:00				
	:15				
	:30				
	:45				
3 PM	:00				
	:15				
	:30				
	:45				
4 PM	:00				
	:15				
	:30				
	:45				
5 PM	:00				
	:15				
	:30				
	:45				
6 PM	:00				
	:15				
	:30				
	:45				
7 PM	:00				
	:15				
	:30				
	:45				
8 PM	:00				
	:15				
	:30				
	:45				
9 PM	:00				
	:15				
	:30				
	:45				

Appointment Log

Week : ....   Month : ....   Year: ....

Time		Mon	Tue	Wed	Thu ....
8 AM	:00				
	:15				
	:30				
	:45				
9 AM	:00				
	:15				
	:30				
	:45				
10 AM	:00				
	:15				
	:30				
	:45				
11 AM	:00				
	:15				
	:30				
	:45				
12 AM	:00				
	:15				
	:30				
	:45				
1 PM	:00				
	:15				
	:30				
	:45				
2 PM	:00				
	:15				
	:30				
	:45				
3 PM	:00				
	:15				
	:30				
	:45				
4 PM	:00				
	:15				
	:30				
	:45				
5 PM	:00				
	:15				
	:30				
	:45				
6 PM	:00				
	:15				
	:30				
	:45				
7 PM	:00				
	:15				
	:30				
	:45				
8 PM	:00				
	:15				
	:30				
	:45				
9 PM	:00				
	:15				
	:30				
	:45				

Appointment Log

Week : ....   Month : ....   Yaear: ....

Time		Fri	Sat	Sun	Notes
8 AM	:00				
	:15				
	:30				
	:45				
9 AM	:00				
	:15				
	:30				
	:45				
10 AM	:00				
	:15				
	:30				
	:45				
11 AM	:00				
	:15				
	:30				
	:45				
12 AM	:00				
	:15				
	:30				
	:45				
1 PM	:00				
	:15				
	:30				
	:45				
2 PM	:00				
	:15				
	:30				
	:45				
3 PM	:00				
	:15				
	:30				
	:45				
4 PM	:00				
	:15				
	:30				
	:45				
5 PM	:00				
	:15				
	:30				
	:45				
6 PM	:00				
	:15				
	:30				
	:45				
7 PM	:00				
	:15				
	:30				
	:45				
8 PM	:00				
	:15				
	:30				
	:45				
9 PM	:00				
	:15				
	:30				
	:45				

Appointment Log

Week : ....   Month : ....   Year: ....

Time		Mon	Tue	Wed	Thu ....
8 AM	:00				
	:15				
	:30				
	:45				
9 AM	:00				
	:15				
	:30				
	:45				
10 AM	:00				
	:15				
	:30				
	:45				
11 AM	:00				
	:15				
	:30				
	:45				
12 AM	:00				
	:15				
	:30				
	:45				
1 PM	:00				
	:15				
	:30				
	:45				
2 PM	:00				
	:15				
	:30				
	:45				
3 PM	:00				
	:15				
	:30				
	:45				
4 PM	:00				
	:15				
	:30				
	:45				
5 PM	:00				
	:15				
	:30				
	:45				
6 PM	:00				
	:15				
	:30				
	:45				
7 PM	:00				
	:15				
	:30				
	:45				
8 PM	:00				
	:15				
	:30				
	:45				
9 PM	:00				
	:15				
	:30				
	:45				

Appointment Log

Week : ....   Month : ....   Year: ....

Time		Fri	Sat	Sun	Notes
8 AM	:00				
	:15				
	:30				
	:45				
9 AM	:00				
	:15				
	:30				
	:45				
10 AM	:00				
	:15				
	:30				
	:45				
11 AM	:00				
	:15				
	:30				
	:45				
12 AM	:00				
	:15				
	:30				
	:45				
1 PM	:00				
	:15				
	:30				
	:45				
2 PM	:00				
	:15				
	:30				
	:45				
3 PM	:00				
	:15				
	:30				
	:45				
4 PM	:00				
	:15				
	:30				
	:45				
5 PM	:00				
	:15				
	:30				
	:45				
6 PM	:00				
	:15				
	:30				
	:45				
7 PM	:00				
	:15				
	:30				
	:45				
8 PM	:00				
	:15				
	:30				
	:45				
9 PM	:00				
	:15				
	:30				
	:45				

Appointment Log

Week : ....   Month : ....   Year: ....

Time		Mon	Tue	Wed	Thu ....
8 AM	:00				
	:15				
	:30				
	:45				
9 AM	:00				
	:15				
	:30				
	:45				
10 AM	:00				
	:15				
	:30				
	:45				
11 AM	:00				
	:15				
	:30				
	:45				
12 AM	:00				
	:15				
	:30				
	:45				
1 PM	:00				
	:15				
	:30				
	:45				
2 PM	:00				
	:15				
	:30				
	:45				
3 PM	:00				
	:15				
	:30				
	:45				
4 PM	:00				
	:15				
	:30				
	:45				
5 PM	:00				
	:15				
	:30				
	:45				
6 PM	:00				
	:15				
	:30				
	:45				
7 PM	:00				
	:15				
	:30				
	:45				
8 PM	:00				
	:15				
	:30				
	:45				
9 PM	:00				
	:15				
	:30				
	:45				

Appointment Log

Week : ....   Month : ....   Yaear: ....

Time		Fri	Sat	Sun	Notes
8 AM	:00				
	:15				
	:30				
	:45				
9 AM	:00				
	:15				
	:30				
	:45				
10 AM	:00				
	:15				
	:30				
	:45				
11 AM	:00				
	:15				
	:30				
	:45				
12 AM	:00				
	:15				
	:30				
	:45				
1 PM	:00				
	:15				
	:30				
	:45				
2 PM	:00				
	:15				
	:30				
	:45				
3 PM	:00				
	:15				
	:30				
	:45				
4 PM	:00				
	:15				
	:30				
	:45				
5 PM	:00				
	:15				
	:30				
	:45				
6 PM	:00				
	:15				
	:30				
	:45				
7 PM	:00				
	:15				
	:30				
	:45				
8 PM	:00				
	:15				
	:30				
	:45				
9 PM	:00				
	:15				
	:30				
	:45				

Appointment Log

Week : ....   Month : ....   Yaear: ....

Time		Mon	Tue	Wed	Thu ....
8 AM	:00				
	:15				
	:30				
	:45				
9 AM	:00				
	:15				
	:30				
	:45				
10 AM	:00				
	:15				
	:30				
	:45				
11 AM	:00				
	:15				
	:30				
	:45				
12 AM	:00				
	:15				
	:30				
	:45				
1 PM	:00				
	:15				
	:30				
	:45				
2 PM	:00				
	:15				
	:30				
	:45				
3 PM	:00				
	:15				
	:30				
	:45				
4 PM	:00				
	:15				
	:30				
	:45				
5 PM	:00				
	:15				
	:30				
	:45				
6 PM	:00				
	:15				
	:30				
	:45				
7 PM	:00				
	:15				
	:30				
	:45				
8 PM	:00				
	:15				
	:30				
	:45				
9 PM	:00				
	:15				
	:30				
	:45				

Appointment Log

Week : ....   Month : ....   Year: ....

Time		Fri	Sat	Sun	Notes
8 AM	:00				
	:15				
	:30				
	:45				
9 AM	:00				
	:15				
	:30				
	:45				
10 AM	:00				
	:15				
	:30				
	:45				
11 AM	:00				
	:15				
	:30				
	:45				
12 AM	:00				
	:15				
	:30				
	:45				
1 PM	:00				
	:15				
	:30				
	:45				
2 PM	:00				
	:15				
	:30				
	:45				
3 PM	:00				
	:15				
	:30				
	:45				
4 PM	:00				
	:15				
	:30				
	:45				
5 PM	:00				
	:15				
	:30				
	:45				
6 PM	:00				
	:15				
	:30				
	:45				
7 PM	:00				
	:15				
	:30				
	:45				
8 PM	:00				
	:15				
	:30				
	:45				
9 PM	:00				
	:15				
	:30				
	:45				

Appointment Log

Week : ....   Month : ....   Year: ....

Time		Mon	Tue	Wed	Thu ....
8 AM	:00				
	:15				
	:30				
	:45				
9 AM	:00				
	:15				
	:30				
	:45				
10 AM	:00				
	:15				
	:30				
	:45				
11 AM	:00				
	:15				
	:30				
	:45				
12 AM	:00				
	:15				
	:30				
	:45				
1 PM	:00				
	:15				
	:30				
	:45				
2 PM	:00				
	:15				
	:30				
	:45				
3 PM	:00				
	:15				
	:30				
	:45				
4 PM	:00				
	:15				
	:30				
	:45				
5 PM	:00				
	:15				
	:30				
	:45				
6 PM	:00				
	:15				
	:30				
	:45				
7 PM	:00				
	:15				
	:30				
	:45				
8 PM	:00				
	:15				
	:30				
	:45				
9 PM	:00				
	:15				
	:30				
	:45				

Appointment Log

Week : ....   Month : ....   Year: ....

Time		Fri	Sat	Sun	Notes
8 AM	:00				
	:15				
	:30				
	:45				
9 AM	:00				
	:15				
	:30				
	:45				
10 AM	:00				
	:15				
	:30				
	:45				
11 AM	:00				
	:15				
	:30				
	:45				
12 AM	:00				
	:15				
	:30				
	:45				
1 PM	:00				
	:15				
	:30				
	:45				
2 PM	:00				
	:15				
	:30				
	:45				
3 PM	:00				
	:15				
	:30				
	:45				
4 PM	:00				
	:15				
	:30				
	:45				
5 PM	:00				
	:15				
	:30				
	:45				
6 PM	:00				
	:15				
	:30				
	:45				
7 PM	:00				
	:15				
	:30				
	:45				
8 PM	:00				
	:15				
	:30				
	:45				
9 PM	:00				
	:15				
	:30				
	:45				

Appointment Log

Week : ....   Month : ....   Year: ....

Time		Mon	Tue	Wed	Thu ....
8 AM	:00				
	:15				
	:30				
	:45				
9 AM	:00				
	:15				
	:30				
	:45				
10 AM	:00				
	:15				
	:30				
	:45				
11 AM	:00				
	:15				
	:30				
	:45				
12 AM	:00				
	:15				
	:30				
	:45				
1 PM	:00				
	:15				
	:30				
	:45				
2 PM	:00				
	:15				
	:30				
	:45				
3 PM	:00				
	:15				
	:30				
	:45				
4 PM	:00				
	:15				
	:30				
	:45				
5 PM	:00				
	:15				
	:30				
	:45				
6 PM	:00				
	:15				
	:30				
	:45				
7 PM	:00				
	:15				
	:30				
	:45				
8 PM	:00				
	:15				
	:30				
	:45				
9 PM	:00				
	:15				
	:30				
	:45				

Appointment Log

Week : ....   Month : ....   Year: ....

Time		Fri	Sat	Sun	Notes
8 AM	:00				
	:15				
	:30				
	:45				
9 AM	:00				
	:15				
	:30				
	:45				
10 AM	:00				
	:15				
	:30				
	:45				
11 AM	:00				
	:15				
	:30				
	:45				
12 AM	:00				
	:15				
	:30				
	:45				
1 PM	:00				
	:15				
	:30				
	:45				
2 PM	:00				
	:15				
	:30				
	:45				
3 PM	:00				
	:15				
	:30				
	:45				
4 PM	:00				
	:15				
	:30				
	:45				
5 PM	:00				
	:15				
	:30				
	:45				
6 PM	:00				
	:15				
	:30				
	:45				
7 PM	:00				
	:15				
	:30				
	:45				
8 PM	:00				
	:15				
	:30				
	:45				
9 PM	:00				
	:15				
	:30				
	:45				

Appointment Log

Week : ....   Month : ....   Yaear: ....

Time		Mon	Tue	Wed	Thu ....
8 AM	:00				
	:15				
	:30				
	:45				
9 AM	:00				
	:15				
	:30				
	:45				
10 AM	:00				
	:15				
	:30				
	:45				
11 AM	:00				
	:15				
	:30				
	:45				
12 AM	:00				
	:15				
	:30				
	:45				
1 PM	:00				
	:15				
	:30				
	:45				
2 PM	:00				
	:15				
	:30				
	:45				
3 PM	:00				
	:15				
	:30				
	:45				
4 PM	:00				
	:15				
	:30				
	:45				
5 PM	:00				
	:15				
	:30				
	:45				
6 PM	:00				
	:15				
	:30				
	:45				
7 PM	:00				
	:15				
	:30				
	:45				
8 PM	:00				
	:15				
	:30				
	:45				
9 PM	:00				
	:15				
	:30				
	:45				

Appointment Log

Week : ....   Month : ....   Year: ....

Time		Fri	Sat	Sun	Notes
8 AM	:00				
	:15				
	:30				
	:45				
9 AM	:00				
	:15				
	:30				
	:45				
10 AM	:00				
	:15				
	:30				
	:45				
11 AM	:00				
	:15				
	:30				
	:45				
12 AM	:00				
	:15				
	:30				
	:45				
1 PM	:00				
	:15				
	:30				
	:45				
2 PM	:00				
	:15				
	:30				
	:45				
3 PM	:00				
	:15				
	:30				
	:45				
4 PM	:00				
	:15				
	:30				
	:45				
5 PM	:00				
	:15				
	:30				
	:45				
6 PM	:00				
	:15				
	:30				
	:45				
7 PM	:00				
	:15				
	:30				
	:45				
8 PM	:00				
	:15				
	:30				
	:45				
9 PM	:00				
	:15				
	:30				
	:45				

Appointment Log

Time		Mon	Tue	Wed	Thu ....
8 AM	:00				
	:15				
	:30				
	:45				
9 AM	:00				
	:15				
	:30				
	:45				
10 AM	:00				
	:15				
	:30				
	:45				
11 AM	:00				
	:15				
	:30				
	:45				
12 AM	:00				
	:15				
	:30				
	:45				
1 PM	:00				
	:15				
	:30				
	:45				
2 PM	:00				
	:15				
	:30				
	:45				
3 PM	:00				
	:15				
	:30				
	:45				
4 PM	:00				
	:15				
	:30				
	:45				
5 PM	:00				
	:15				
	:30				
	:45				
6 PM	:00				
	:15				
	:30				
	:45				
7 PM	:00				
	:15				
	:30				
	:45				
8 PM	:00				
	:15				
	:30				
	:45				
9 PM	:00				
	:15				
	:30				
	:45				

Appointment Log

Week : ....   Month : ....   Year: ....

Time		Fri	Sat	Sun	Notes
8 AM	:00				
	:15				
	:30				
	:45				
9 AM	:00				
	:15				
	:30				
	:45				
10 AM	:00				
	:15				
	:30				
	:45				
11 AM	:00				
	:15				
	:30				
	:45				
12 AM	:00				
	:15				
	:30				
	:45				
1 PM	:00				
	:15				
	:30				
	:45				
2 PM	:00				
	:15				
	:30				
	:45				
3 PM	:00				
	:15				
	:30				
	:45				
4 PM	:00				
	:15				
	:30				
	:45				
5 PM	:00				
	:15				
	:30				
	:45				
6 PM	:00				
	:15				
	:30				
	:45				
7 PM	:00				
	:15				
	:30				
	:45				
8 PM	:00				
	:15				
	:30				
	:45				
9 PM	:00				
	:15				
	:30				
	:45				

Appointment Log

Week : ....   Month : ....   Year: ....

Time		Mon	Tue	Wed	Thu ....
8 AM	:00				
	:15				
	:30				
	:45				
9 AM	:00				
	:15				
	:30				
	:45				
10 AM	:00				
	:15				
	:30				
	:45				
11 AM	:00				
	:15				
	:30				
	:45				
12 AM	:00				
	:15				
	:30				
	:45				
1 PM	:00				
	:15				
	:30				
	:45				
2 PM	:00				
	:15				
	:30				
	:45				
3 PM	:00				
	:15				
	:30				
	:45				
4 PM	:00				
	:15				
	:30				
	:45				
5 PM	:00				
	:15				
	:30				
	:45				
6 PM	:00				
	:15				
	:30				
	:45				
7 PM	:00				
	:15				
	:30				
	:45				
8 PM	:00				
	:15				
	:30				
	:45				
9 PM	:00				
	:15				
	:30				
	:45				

Appointment Log

Week : ....   Month : ....   Yaear: ....

Time		Fri	Sat	Sun	Notes
8 AM	:00				
	:15				
	:30				
	:45				
9 AM	:00				
	:15				
	:30				
	:45				
10 AM	:00				
	:15				
	:30				
	:45				
11 AM	:00				
	:15				
	:30				
	:45				
12 AM	:00				
	:15				
	:30				
	:45				
1 PM	:00				
	:15				
	:30				
	:45				
2 PM	:00				
	:15				
	:30				
	:45				
3 PM	:00				
	:15				
	:30				
	:45				
4 PM	:00				
	:15				
	:30				
	:45				
5 PM	:00				
	:15				
	:30				
	:45				
6 PM	:00				
	:15				
	:30				
	:45				
7 PM	:00				
	:15				
	:30				
	:45				
8 PM	:00				
	:15				
	:30				
	:45				
9 PM	:00				
	:15				
	:30				
	:45				

Appointment Log

Week : ....   Month : ....   Year: ....

Time		Mon	Tue	Wed	Thu ....
8 AM	:00				
	:15				
	:30				
	:45				
9 AM	:00				
	:15				
	:30				
	:45				
10 AM	:00				
	:15				
	:30				
	:45				
11 AM	:00				
	:15				
	:30				
	:45				
12 AM	:00				
	:15				
	:30				
	:45				
1 PM	:00				
	:15				
	:30				
	:45				
2 PM	:00				
	:15				
	:30				
	:45				
3 PM	:00				
	:15				
	:30				
	:45				
4 PM	:00				
	:15				
	:30				
	:45				
5 PM	:00				
	:15				
	:30				
	:45				
6 PM	:00				
	:15				
	:30				
	:45				
7 PM	:00				
	:15				
	:30				
	:45				
8 PM	:00				
	:15				
	:30				
	:45				
9 PM	:00				
	:15				
	:30				
	:45				

Appointment Log

Week : ....   Month : ....   Year: ....

Time		Fri	Sat	Sun	Notes
8 AM	:00				
	:15				
	:30				
	:45				
9 AM	:00				
	:15				
	:30				
	:45				
10 AM	:00				
	:15				
	:30				
	:45				
11 AM	:00				
	:15				
	:30				
	:45				
12 AM	:00				
	:15				
	:30				
	:45				
1 PM	:00				
	:15				
	:30				
	:45				
2 PM	:00				
	:15				
	:30				
	:45				
3 PM	:00				
	:15				
	:30				
	:45				
4 PM	:00				
	:15				
	:30				
	:45				
5 PM	:00				
	:15				
	:30				
	:45				
6 PM	:00				
	:15				
	:30				
	:45				
7 PM	:00				
	:15				
	:30				
	:45				
8 PM	:00				
	:15				
	:30				
	:45				
9 PM	:00				
	:15				
	:30				
	:45				

Appointment Log

Time		Mon	Tue	Wed	Thu ....
8 AM	:00				
	:15				
	:30				
	:45				
9 AM	:00				
	:15				
	:30				
	:45				
10 AM	:00				
	:15				
	:30				
	:45				
11 AM	:00				
	:15				
	:30				
	:45				
12 AM	:00				
	:15				
	:30				
	:45				
1 PM	:00				
	:15				
	:30				
	:45				
2 PM	:00				
	:15				
	:30				
	:45				
3 PM	:00				
	:15				
	:30				
	:45				
4 PM	:00				
	:15				
	:30				
	:45				
5 PM	:00				
	:15				
	:30				
	:45				
6 PM	:00				
	:15				
	:30				
	:45				
7 PM	:00				
	:15				
	:30				
	:45				
8 PM	:00				
	:15				
	:30				
	:45				
9 PM	:00				
	:15				
	:30				
	:45				

Appointment Log

Week : ....   Month : ....   Year: ....

Time		Fri	Sat	Sun	Notes
8 AM	:00				
	:15				
	:30				
	:45				
9 AM	:00				
	:15				
	:30				
	:45				
10 AM	:00				
	:15				
	:30				
	:45				
11 AM	:00				
	:15				
	:30				
	:45				
12 AM	:00				
	:15				
	:30				
	:45				
1 PM	:00				
	:15				
	:30				
	:45				
2 PM	:00				
	:15				
	:30				
	:45				
3 PM	:00				
	:15				
	:30				
	:45				
4 PM	:00				
	:15				
	:30				
	:45				
5 PM	:00				
	:15				
	:30				
	:45				
6 PM	:00				
	:15				
	:30				
	:45				
7 PM	:00				
	:15				
	:30				
	:45				
8 PM	:00				
	:15				
	:30				
	:45				
9 PM	:00				
	:15				
	:30				
	:45				

Appointment Log

Week : ....   Month : ....   Yaear: ....

Time		Mon	Tue	Wed	Thu ....
8 AM	:00				
	:15				
	:30				
	:45				
9 AM	:00				
	:15				
	:30				
	:45				
10 AM	:00				
	:15				
	:30				
	:45				
11 AM	:00				
	:15				
	:30				
	:45				
12 AM	:00				
	:15				
	:30				
	:45				
1 PM	:00				
	:15				
	:30				
	:45				
2 PM	:00				
	:15				
	:30				
	:45				
3 PM	:00				
	:15				
	:30				
	:45				
4 PM	:00				
	:15				
	:30				
	:45				
5 PM	:00				
	:15				
	:30				
	:45				
6 PM	:00				
	:15				
	:30				
	:45				
7 PM	:00				
	:15				
	:30				
	:45				
8 PM	:00				
	:15				
	:30				
	:45				
9 PM	:00				
	:15				
	:30				
	:45				

Appointment Log

Time		Fri	Sat	Sun	Notes
8 AM	:00				
	:15				
	:30				
	:45				
9 AM	:00				
	:15				
	:30				
	:45				
10 AM	:00				
	:15				
	:30				
	:45				
11 AM	:00				
	:15				
	:30				
	:45				
12 AM	:00				
	:15				
	:30				
	:45				
1 PM	:00				
	:15				
	:30				
	:45				
2 PM	:00				
	:15				
	:30				
	:45				
3 PM	:00				
	:15				
	:30				
	:45				
4 PM	:00				
	:15				
	:30				
	:45				
5 PM	:00				
	:15				
	:30				
	:45				
6 PM	:00				
	:15				
	:30				
	:45				
7 PM	:00				
	:15				
	:30				
	:45				
8 PM	:00				
	:15				
	:30				
	:45				
9 PM	:00				
	:15				
	:30				
	:45				

Appointment Log

Week : ....   Month : ....   Year: ....

Time		Mon	Tue	Wed	Thu ....
8 AM	:00				
	:15				
	:30				
	:45				
9 AM	:00				
	:15				
	:30				
	:45				
10 AM	:00				
	:15				
	:30				
	:45				
11 AM	:00				
	:15				
	:30				
	:45				
12 AM	:00				
	:15				
	:30				
	:45				
1 PM	:00				
	:15				
	:30				
	:45				
2 PM	:00				
	:15				
	:30				
	:45				
3 PM	:00				
	:15				
	:30				
	:45				
4 PM	:00				
	:15				
	:30				
	:45				
5 PM	:00				
	:15				
	:30				
	:45				
6 PM	:00				
	:15				
	:30				
	:45				
7 PM	:00				
	:15				
	:30				
	:45				
8 PM	:00				
	:15				
	:30				
	:45				
9 PM	:00				
	:15				
	:30				
	:45				

Appointment Log

Week : ....   Month : ....   Yaear: ....

Time		Fri	Sat	Sun	Notes
8 AM	:00				
	:15				
	:30				
	:45				
9 AM	:00				
	:15				
	:30				
	:45				
10 AM	:00				
	:15				
	:30				
	:45				
11 AM	:00				
	:15				
	:30				
	:45				
12 AM	:00				
	:15				
	:30				
	:45				
1 PM	:00				
	:15				
	:30				
	:45				
2 PM	:00				
	:15				
	:30				
	:45				
3 PM	:00				
	:15				
	:30				
	:45				
4 PM	:00				
	:15				
	:30				
	:45				
5 PM	:00				
	:15				
	:30				
	:45				
6 PM	:00				
	:15				
	:30				
	:45				
7 PM	:00				
	:15				
	:30				
	:45				
8 PM	:00				
	:15				
	:30				
	:45				
9 PM	:00				
	:15				
	:30				
	:45				

Appointment Log

Week : ....   Month : ....   Year: ....

Time		Mon	Tue	Wed	Thu ....
8 AM	:00				
	:15				
	:30				
	:45				
9 AM	:00				
	:15				
	:30				
	:45				
10 AM	:00				
	:15				
	:30				
	:45				
11 AM	:00				
	:15				
	:30				
	:45				
12 AM	:00				
	:15				
	:30				
	:45				
1 PM	:00				
	:15				
	:30				
	:45				
2 PM	:00				
	:15				
	:30				
	:45				
3 PM	:00				
	:15				
	:30				
	:45				
4 PM	:00				
	:15				
	:30				
	:45				
5 PM	:00				
	:15				
	:30				
	:45				
6 PM	:00				
	:15				
	:30				
	:45				
7 PM	:00				
	:15				
	:30				
	:45				
8 PM	:00				
	:15				
	:30				
	:45				
9 PM	:00				
	:15				
	:30				
	:45				

Appointment Log

Week : ....   Month : ....   Yaear: ....

Time		Fri	Sat	Sun	Notes
8 AM	:00				
	:15				
	:30				
	:45				
9 AM	:00				
	:15				
	:30				
	:45				
10 AM	:00				
	:15				
	:30				
	:45				
11 AM	:00				
	:15				
	:30				
	:45				
12 AM	:00				
	:15				
	:30				
	:45				
1 PM	:00				
	:15				
	:30				
	:45				
2 PM	:00				
	:15				
	:30				
	:45				
3 PM	:00				
	:15				
	:30				
	:45				
4 PM	:00				
	:15				
	:30				
	:45				
5 PM	:00				
	:15				
	:30				
	:45				
6 PM	:00				
	:15				
	:30				
	:45				
7 PM	:00				
	:15				
	:30				
	:45				
8 PM	:00				
	:15				
	:30				
	:45				
9 PM	:00				
	:15				
	:30				
	:45				

Appointment Log

Week : ....   Month : ....   Year: ....

Time		Mon	Tue	Wed	Thu ....
8 AM	:00				
	:15				
	:30				
	:45				
9 AM	:00				
	:15				
	:30				
	:45				
10 AM	:00				
	:15				
	:30				
	:45				
11 AM	:00				
	:15				
	:30				
	:45				
12 AM	:00				
	:15				
	:30				
	:45				
1 PM	:00				
	:15				
	:30				
	:45				
2 PM	:00				
	:15				
	:30				
	:45				
3 PM	:00				
	:15				
	:30				
	:45				
4 PM	:00				
	:15				
	:30				
	:45				
5 PM	:00				
	:15				
	:30				
	:45				
6 PM	:00				
	:15				
	:30				
	:45				
7 PM	:00				
	:15				
	:30				
	:45				
8 PM	:00				
	:15				
	:30				
	:45				
9 PM	:00				
	:15				
	:30				
	:45				

Appointment Log

Week : ....   Month : ....   Yaear: ....

Time		Fri	Sat	Sun	Notes
8 AM	:00				
	:15				
	:30				
	:45				
9 AM	:00				
	:15				
	:30				
	:45				
10 AM	:00				
	:15				
	:30				
	:45				
11 AM	:00				
	:15				
	:30				
	:45				
12 AM	:00				
	:15				
	:30				
	:45				
1 PM	:00				
	:15				
	:30				
	:45				
2 PM	:00				
	:15				
	:30				
	:45				
3 PM	:00				
	:15				
	:30				
	:45				
4 PM	:00				
	:15				
	:30				
	:45				
5 PM	:00				
	:15				
	:30				
	:45				
6 PM	:00				
	:15				
	:30				
	:45				
7 PM	:00				
	:15				
	:30				
	:45				
8 PM	:00				
	:15				
	:30				
	:45				
9 PM	:00				
	:15				
	:30				
	:45				

Appointment Log

Week : ....   Month : ....   Year: ....

Time		Mon	Tue	Wed	Thu ....
8 AM	:00				
	:15				
	:30				
	:45				
9 AM	:00				
	:15				
	:30				
	:45				
10 AM	:00				
	:15				
	:30				
	:45				
11 AM	:00				
	:15				
	:30				
	:45				
12 AM	:00				
	:15				
	:30				
	:45				
1 PM	:00				
	:15				
	:30				
	:45				
2 PM	:00				
	:15				
	:30				
	:45				
3 PM	:00				
	:15				
	:30				
	:45				
4 PM	:00				
	:15				
	:30				
	:45				
5 PM	:00				
	:15				
	:30				
	:45				
6 PM	:00				
	:15				
	:30				
	:45				
7 PM	:00				
	:15				
	:30				
	:45				
8 PM	:00				
	:15				
	:30				
	:45				
9 PM	:00				
	:15				
	:30				
	:45				

Appointment Log

Week : ....   Month : ....   Year: ....

Time		Fri	Sat	Sun	Notes
8 AM	:00				
	:15				
	:30				
	:45				
9 AM	:00				
	:15				
	:30				
	:45				
10 AM	:00				
	:15				
	:30				
	:45				
11 AM	:00				
	:15				
	:30				
	:45				
12 AM	:00				
	:15				
	:30				
	:45				
1 PM	:00				
	:15				
	:30				
	:45				
2 PM	:00				
	:15				
	:30				
	:45				
3 PM	:00				
	:15				
	:30				
	:45				
4 PM	:00				
	:15				
	:30				
	:45				
5 PM	:00				
	:15				
	:30				
	:45				
6 PM	:00				
	:15				
	:30				
	:45				
7 PM	:00				
	:15				
	:30				
	:45				
8 PM	:00				
	:15				
	:30				
	:45				
9 PM	:00				
	:15				
	:30				
	:45				

Appointment Log

Week : ....   Month : ....   Year: ....

Time		Mon	Tue	Wed	Thu ....
8 AM	:00				
	:15				
	:30				
	:45				
9 AM	:00				
	:15				
	:30				
	:45				
10 AM	:00				
	:15				
	:30				
	:45				
11 AM	:00				
	:15				
	:30				
	:45				
12 AM	:00				
	:15				
	:30				
	:45				
1 PM	:00				
	:15				
	:30				
	:45				
2 PM	:00				
	:15				
	:30				
	:45				
3 PM	:00				
	:15				
	:30				
	:45				
4 PM	:00				
	:15				
	:30				
	:45				
5 PM	:00				
	:15				
	:30				
	:45				
6 PM	:00				
	:15				
	:30				
	:45				
7 PM	:00				
	:15				
	:30				
	:45				
8 PM	:00				
	:15				
	:30				
	:45				
9 PM	:00				
	:15				
	:30				
	:45				

Appointment Log

Week : ....   Month : ....   Year: ....

Time		Fri	Sat	Sun	Notes
8 AM	:00				
	:15				
	:30				
	:45				
9 AM	:00				
	:15				
	:30				
	:45				
10 AM	:00				
	:15				
	:30				
	:45				
11 AM	:00				
	:15				
	:30				
	:45				
12 AM	:00				
	:15				
	:30				
	:45				
1 PM	:00				
	:15				
	:30				
	:45				
2 PM	:00				
	:15				
	:30				
	:45				
3 PM	:00				
	:15				
	:30				
	:45				
4 PM	:00				
	:15				
	:30				
	:45				
5 PM	:00				
	:15				
	:30				
	:45				
6 PM	:00				
	:15				
	:30				
	:45				
7 PM	:00				
	:15				
	:30				
	:45				
8 PM	:00				
	:15				
	:30				
	:45				
9 PM	:00				
	:15				
	:30				
	:45				

Appointment Log

Time		Mon	Tue	Wed	Thu ....
8 AM	:00				
	:15				
	:30				
	:45				
9 AM	:00				
	:15				
	:30				
	:45				
10 AM	:00				
	:15				
	:30				
	:45				
11 AM	:00				
	:15				
	:30				
	:45				
12 AM	:00				
	:15				
	:30				
	:45				
1 PM	:00				
	:15				
	:30				
	:45				
2 PM	:00				
	:15				
	:30				
	:45				
3 PM	:00				
	:15				
	:30				
	:45				
4 PM	:00				
	:15				
	:30				
	:45				
5 PM	:00				
	:15				
	:30				
	:45				
6 PM	:00				
	:15				
	:30				
	:45				
7 PM	:00				
	:15				
	:30				
	:45				
8 PM	:00				
	:15				
	:30				
	:45				
9 PM	:00				
	:15				
	:30				
	:45				

Appointment Log

Week : ....   Month : ....   Yaear: ....

Time		Fri	Sat	Sun	Notes
8 AM	:00				
	:15				
	:30				
	:45				
9 AM	:00				
	:15				
	:30				
	:45				
10 AM	:00				
	:15				
	:30				
	:45				
11 AM	:00				
	:15				
	:30				
	:45				
12 AM	:00				
	:15				
	:30				
	:45				
1 PM	:00				
	:15				
	:30				
	:45				
2 PM	:00				
	:15				
	:30				
	:45				
3 PM	:00				
	:15				
	:30				
	:45				
4 PM	:00				
	:15				
	:30				
	:45				
5 PM	:00				
	:15				
	:30				
	:45				
6 PM	:00				
	:15				
	:30				
	:45				
7 PM	:00				
	:15				
	:30				
	:45				
8 PM	:00				
	:15				
	:30				
	:45				
9 PM	:00				
	:15				
	:30				
	:45				

Appointment Log

Week : ....   Month : ....   Yaear: ....

Time		Mon	Tue	Wed	Thu ....
8 AM	:00				
	:15				
	:30				
	:45				
9 AM	:00				
	:15				
	:30				
	:45				
10 AM	:00				
	:15				
	:30				
	:45				
11 AM	:00				
	:15				
	:30				
	:45				
12 AM	:00				
	:15				
	:30				
	:45				
1 PM	:00				
	:15				
	:30				
	:45				
2 PM	:00				
	:15				
	:30				
	:45				
3 PM	:00				
	:15				
	:30				
	:45				
4 PM	:00				
	:15				
	:30				
	:45				
5 PM	:00				
	:15				
	:30				
	:45				
6 PM	:00				
	:15				
	:30				
	:45				
7 PM	:00				
	:15				
	:30				
	:45				
8 PM	:00				
	:15				
	:30				
	:45				
9 PM	:00				
	:15				
	:30				
	:45				

Appointment Log

Week : ....   Month : ....   Year: ....

Time		Fri	Sat	Sun	Notes
8 AM	:00				_____
	:15				
	:30				_____
	:45				
9 AM	:00				_____
	:15				
	:30				_____
	:45				
10 AM	:00				_____
	:15				
	:30				_____
	:45				
11 AM	:00				_____
	:15				
	:30				_____
	:45				
12 AM	:00				_____
	:15				
	:30				_____
	:45				
1 PM	:00				_____
	:15				
	:30				_____
	:45				
2 PM	:00				_____
	:15				
	:30				_____
	:45				
3 PM	:00				_____
	:15				
	:30				_____
	:45				
4 PM	:00				_____
	:15				
	:30				_____
	:45				
5 PM	:00				_____
	:15				
	:30				_____
	:45				
6 PM	:00				_____
	:15				
	:30				_____
	:45				
7 PM	:00				_____
	:15				
	:30				_____
	:45				
8 PM	:00				_____
	:15				
	:30				_____
	:45				
9 PM	:00				_____
	:15				
	:30				_____
	:45				

Appointment Log

Week : ....   Month : ....   Yaear: ....

Time		Mon	Tue	Wed	Thu ....
8 AM	:00				
	:15				
	:30				
	:45				
9 AM	:00				
	:15				
	:30				
	:45				
10 AM	:00				
	:15				
	:30				
	:45				
11 AM	:00				
	:15				
	:30				
	:45				
12 AM	:00				
	:15				
	:30				
	:45				
1 PM	:00				
	:15				
	:30				
	:45				
2 PM	:00				
	:15				
	:30				
	:45				
3 PM	:00				
	:15				
	:30				
	:45				
4 PM	:00				
	:15				
	:30				
	:45				
5 PM	:00				
	:15				
	:30				
	:45				
6 PM	:00				
	:15				
	:30				
	:45				
7 PM	:00				
	:15				
	:30				
	:45				
8 PM	:00				
	:15				
	:30				
	:45				
9 PM	:00				
	:15				
	:30				
	:45				

Appointment Log

Week : ....   Month : ....   Yaear: ....

Time		Fri	Sat	Sun	Notes
8 AM	:00				
	:15				
	:30				
	:45				
9 AM	:00				
	:15				
	:30				
	:45				
10 AM	:00				
	:15				
	:30				
	:45				
11 AM	:00				
	:15				
	:30				
	:45				
12 AM	:00				
	:15				
	:30				
	:45				
1 PM	:00				
	:15				
	:30				
	:45				
2 PM	:00				
	:15				
	:30				
	:45				
3 PM	:00				
	:15				
	:30				
	:45				
4 PM	:00				
	:15				
	:30				
	:45				
5 PM	:00				
	:15				
	:30				
	:45				
6 PM	:00				
	:15				
	:30				
	:45				
7 PM	:00				
	:15				
	:30				
	:45				
8 PM	:00				
	:15				
	:30				
	:45				
9 PM	:00				
	:15				
	:30				
	:45				

Appointment Log

Week : ....   Month : ....   Yaear: ....

Time		Mon	Tue	Wed	Thu ....
8 AM	:00				
	:15				
	:30				
	:45				
9 AM	:00				
	:15				
	:30				
	:45				
10 AM	:00				
	:15				
	:30				
	:45				
11 AM	:00				
	:15				
	:30				
	:45				
12 AM	:00				
	:15				
	:30				
	:45				
1 PM	:00				
	:15				
	:30				
	:45				
2 PM	:00				
	:15				
	:30				
	:45				
3 PM	:00				
	:15				
	:30				
	:45				
4 PM	:00				
	:15				
	:30				
	:45				
5 PM	:00				
	:15				
	:30				
	:45				
6 PM	:00				
	:15				
	:30				
	:45				
7 PM	:00				
	:15				
	:30				
	:45				
8 PM	:00				
	:15				
	:30				
	:45				
9 PM	:00				
	:15				
	:30				
	:45				

Appointment Log

Week : ....   Month : ....   Year: ....

Time		Fri	Sat	Sun	Notes
8 AM	:00				
	:15				
	:30				
	:45				
9 AM	:00				
	:15				
	:30				
	:45				
10 AM	:00				
	:15				
	:30				
	:45				
11 AM	:00				
	:15				
	:30				
	:45				
12 AM	:00				
	:15				
	:30				
	:45				
1 PM	:00				
	:15				
	:30				
	:45				
2 PM	:00				
	:15				
	:30				
	:45				
3 PM	:00				
	:15				
	:30				
	:45				
4 PM	:00				
	:15				
	:30				
	:45				
5 PM	:00				
	:15				
	:30				
	:45				
6 PM	:00				
	:15				
	:30				
	:45				
7 PM	:00				
	:15				
	:30				
	:45				
8 PM	:00				
	:15				
	:30				
	:45				
9 PM	:00				
	:15				
	:30				
	:45				

Appointment Log

Time		Mon	Tue	Wed	Thu ....
8 AM	:00				
	:15				
	:30				
	:45				
9 AM	:00				
	:15				
	:30				
	:45				
10 AM	:00				
	:15				
	:30				
	:45				
11 AM	:00				
	:15				
	:30				
	:45				
12 AM	:00				
	:15				
	:30				
	:45				
1 PM	:00				
	:15				
	:30				
	:45				
2 PM	:00				
	:15				
	:30				
	:45				
3 PM	:00				
	:15				
	:30				
	:45				
4 PM	:00				
	:15				
	:30				
	:45				
5 PM	:00				
	:15				
	:30				
	:45				
6 PM	:00				
	:15				
	:30				
	:45				
7 PM	:00				
	:15				
	:30				
	:45				
8 PM	:00				
	:15				
	:30				
	:45				
9 PM	:00				
	:15				
	:30				
	:45				

Appointment Log

Week : ....   Month : ....   Yaear: ....

Time		Fri	Sat	Sun	Notes
8 AM	:00				
	:15				
	:30				
	:45				
9 AM	:00				
	:15				
	:30				
	:45				
10 AM	:00				
	:15				
	:30				
	:45				
11 AM	:00				
	:15				
	:30				
	:45				
12 AM	:00				
	:15				
	:30				
	:45				
1 PM	:00				
	:15				
	:30				
	:45				
2 PM	:00				
	:15				
	:30				
	:45				
3 PM	:00				
	:15				
	:30				
	:45				
4 PM	:00				
	:15				
	:30				
	:45				
5 PM	:00				
	:15				
	:30				
	:45				
6 PM	:00				
	:15				
	:30				
	:45				
7 PM	:00				
	:15				
	:30				
	:45				
8 PM	:00				
	:15				
	:30				
	:45				
9 PM	:00				
	:15				
	:30				
	:45				

Appointment Log

Week : ....   Month : ....   Year: ....

Time		Mon	Tue	Wed	Thu ....
8 AM	:00				
	:15				
	:30				
	:45				
9 AM	:00				
	:15				
	:30				
	:45				
10 AM	:00				
	:15				
	:30				
	:45				
11 AM	:00				
	:15				
	:30				
	:45				
12 AM	:00				
	:15				
	:30				
	:45				
1 PM	:00				
	:15				
	:30				
	:45				
2 PM	:00				
	:15				
	:30				
	:45				
3 PM	:00				
	:15				
	:30				
	:45				
4 PM	:00				
	:15				
	:30				
	:45				
5 PM	:00				
	:15				
	:30				
	:45				
6 PM	:00				
	:15				
	:30				
	:45				
7 PM	:00				
	:15				
	:30				
	:45				
8 PM	:00				
	:15				
	:30				
	:45				
9 PM	:00				
	:15				
	:30				
	:45				

Appointment Log

Week : ....   Month : ....   Year: ....

Time		Fri	Sat	Sun	Notes
8 AM	:00				
	:15				
	:30				
	:45				
9 AM	:00				
	:15				
	:30				
	:45				
10 AM	:00				
	:15				
	:30				
	:45				
11 AM	:00				
	:15				
	:30				
	:45				
12 AM	:00				
	:15				
	:30				
	:45				
1 PM	:00				
	:15				
	:30				
	:45				
2 PM	:00				
	:15				
	:30				
	:45				
3 PM	:00				
	:15				
	:30				
	:45				
4 PM	:00				
	:15				
	:30				
	:45				
5 PM	:00				
	:15				
	:30				
	:45				
6 PM	:00				
	:15				
	:30				
	:45				
7 PM	:00				
	:15				
	:30				
	:45				
8 PM	:00				
	:15				
	:30				
	:45				
9 PM	:00				
	:15				
	:30				
	:45				

Appointment Log

Week : ....   Month : ....   Yaear: ....

Time		Mon	Tue	Wed	Thu ....
8 AM	:00				
	:15				
	:30				
	:45				
9 AM	:00				
	:15				
	:30				
	:45				
10 AM	:00				
	:15				
	:30				
	:45				
11 AM	:00				
	:15				
	:30				
	:45				
12 AM	:00				
	:15				
	:30				
	:45				
1 PM	:00				
	:15				
	:30				
	:45				
2 PM	:00				
	:15				
	:30				
	:45				
3 PM	:00				
	:15				
	:30				
	:45				
4 PM	:00				
	:15				
	:30				
	:45				
5 PM	:00				
	:15				
	:30				
	:45				
6 PM	:00				
	:15				
	:30				
	:45				
7 PM	:00				
	:15				
	:30				
	:45				
8 PM	:00				
	:15				
	:30				
	:45				
9 PM	:00				
	:15				
	:30				
	:45				

Appointment Log

Week : ....   Month : ....   Yaear: ....

Time		Fri	Sat	Sun	Notes
8 AM	:00				
	:15				
	:30				
	:45				
9 AM	:00				
	:15				
	:30				
	:45				
10 AM	:00				
	:15				
	:30				
	:45				
11 AM	:00				
	:15				
	:30				
	:45				
12 AM	:00				
	:15				
	:30				
	:45				
1 PM	:00				
	:15				
	:30				
	:45				
2 PM	:00				
	:15				
	:30				
	:45				
3 PM	:00				
	:15				
	:30				
	:45				
4 PM	:00				
	:15				
	:30				
	:45				
5 PM	:00				
	:15				
	:30				
	:45				
6 PM	:00				
	:15				
	:30				
	:45				
7 PM	:00				
	:15				
	:30				
	:45				
8 PM	:00				
	:15				
	:30				
	:45				
9 PM	:00				
	:15				
	:30				
	:45				

Appointment Log

Time		Mon	Tue	Wed	Thu ....
8 AM	:00				
	:15				
	:30				
	:45				
9 AM	:00				
	:15				
	:30				
	:45				
10 AM	:00				
	:15				
	:30				
	:45				
11 AM	:00				
	:15				
	:30				
	:45				
12 AM	:00				
	:15				
	:30				
	:45				
1 PM	:00				
	:15				
	:30				
	:45				
2 PM	:00				
	:15				
	:30				
	:45				
3 PM	:00				
	:15				
	:30				
	:45				
4 PM	:00				
	:15				
	:30				
	:45				
5 PM	:00				
	:15				
	:30				
	:45				
6 PM	:00				
	:15				
	:30				
	:45				
7 PM	:00				
	:15				
	:30				
	:45				
8 PM	:00				
	:15				
	:30				
	:45				
9 PM	:00				
	:15				
	:30				
	:45				

Appointment Log

Week : ....   Month : ....   Yaear: ....

Time		Fri	Sat	Sun	Notes
8 AM	:00				
	:15				
	:30				
	:45				
9 AM	:00				
	:15				
	:30				
	:45				
10 AM	:00				
	:15				
	:30				
	:45				
11 AM	:00				
	:15				
	:30				
	:45				
12 AM	:00				
	:15				
	:30				
	:45				
1 PM	:00				
	:15				
	:30				
	:45				
2 PM	:00				
	:15				
	:30				
	:45				
3 PM	:00				
	:15				
	:30				
	:45				
4 PM	:00				
	:15				
	:30				
	:45				
5 PM	:00				
	:15				
	:30				
	:45				
6 PM	:00				
	:15				
	:30				
	:45				
7 PM	:00				
	:15				
	:30				
	:45				
8 PM	:00				
	:15				
	:30				
	:45				
9 PM	:00				
	:15				
	:30				
	:45				

Appointment Log

Week : ....   Month : ....   Year: ....

Time		Mon	Tue	Wed	Thu ....
8 AM	:00				
	:15				
	:30				
	:45				
9 AM	:00				
	:15				
	:30				
	:45				
10 AM	:00				
	:15				
	:30				
	:45				
11 AM	:00				
	:15				
	:30				
	:45				
12 AM	:00				
	:15				
	:30				
	:45				
1 PM	:00				
	:15				
	:30				
	:45				
2 PM	:00				
	:15				
	:30				
	:45				
3 PM	:00				
	:15				
	:30				
	:45				
4 PM	:00				
	:15				
	:30				
	:45				
5 PM	:00				
	:15				
	:30				
	:45				
6 PM	:00				
	:15				
	:30				
	:45				
7 PM	:00				
	:15				
	:30				
	:45				
8 PM	:00				
	:15				
	:30				
	:45				
9 PM	:00				
	:15				
	:30				
	:45				

Appointment Log

Week : ....   Month : ....   Year: ....

Time		Fri	Sat	Sun	Notes
8 AM	:00				
	:15				
	:30				
	:45				
9 AM	:00				
	:15				
	:30				
	:45				
10 AM	:00				
	:15				
	:30				
	:45				
11 AM	:00				
	:15				
	:30				
	:45				
12 AM	:00				
	:15				
	:30				
	:45				
1 PM	:00				
	:15				
	:30				
	:45				
2 PM	:00				
	:15				
	:30				
	:45				
3 PM	:00				
	:15				
	:30				
	:45				
4 PM	:00				
	:15				
	:30				
	:45				
5 PM	:00				
	:15				
	:30				
	:45				
6 PM	:00				
	:15				
	:30				
	:45				
7 PM	:00				
	:15				
	:30				
	:45				
8 PM	:00				
	:15				
	:30				
	:45				
9 PM	:00				
	:15				
	:30				
	:45				

Appointment Log

Week : ....   Month : ....   Year: ....

Time		Mon	Tue	Wed	Thu ....
8 AM	:00				
	:15				
	:30				
	:45				
9 AM	:00				
	:15				
	:30				
	:45				
10 AM	:00				
	:15				
	:30				
	:45				
11 AM	:00				
	:15				
	:30				
	:45				
12 AM	:00				
	:15				
	:30				
	:45				
1 PM	:00				
	:15				
	:30				
	:45				
2 PM	:00				
	:15				
	:30				
	:45				
3 PM	:00				
	:15				
	:30				
	:45				
4 PM	:00				
	:15				
	:30				
	:45				
5 PM	:00				
	:15				
	:30				
	:45				
6 PM	:00				
	:15				
	:30				
	:45				
7 PM	:00				
	:15				
	:30				
	:45				
8 PM	:00				
	:15				
	:30				
	:45				
9 PM	:00				
	:15				
	:30				
	:45				

Appointment Log

Week : ....   Month : ....   Year: ....

Time		Fri	Sat	Sun	Notes
8 AM	:00				
	:15				
	:30				
	:45				
9 AM	:00				
	:15				
	:30				
	:45				
10 AM	:00				
	:15				
	:30				
	:45				
11 AM	:00				
	:15				
	:30				
	:45				
12 AM	:00				
	:15				
	:30				
	:45				
1 PM	:00				
	:15				
	:30				
	:45				
2 PM	:00				
	:15				
	:30				
	:45				
3 PM	:00				
	:15				
	:30				
	:45				
4 PM	:00				
	:15				
	:30				
	:45				
5 PM	:00				
	:15				
	:30				
	:45				
6 PM	:00				
	:15				
	:30				
	:45				
7 PM	:00				
	:15				
	:30				
	:45				
8 PM	:00				
	:15				
	:30				
	:45				
9 PM	:00				
	:15				
	:30				
	:45				

Appointment Log

Week : ....   Month : ....   Yaear: ....

Time		Mon	Tue	Wed	Thu ....
8 AM	:00				
	:15				
	:30				
	:45				
9 AM	:00				
	:15				
	:30				
	:45				
10 AM	:00				
	:15				
	:30				
	:45				
11 AM	:00				
	:15				
	:30				
	:45				
12 AM	:00				
	:15				
	:30				
	:45				
1 PM	:00				
	:15				
	:30				
	:45				
2 PM	:00				
	:15				
	:30				
	:45				
3 PM	:00				
	:15				
	:30				
	:45				
4 PM	:00				
	:15				
	:30				
	:45				
5 PM	:00				
	:15				
	:30				
	:45				
6 PM	:00				
	:15				
	:30				
	:45				
7 PM	:00				
	:15				
	:30				
	:45				
8 PM	:00				
	:15				
	:30				
	:45				
9 PM	:00				
	:15				
	:30				
	:45				

Appointment Log

Week : ....   Month : ....   Yaear: ....

Time		Fri	Sat	Sun	Notes
8 AM	:00				
	:15				
	:30				
	:45				
9 AM	:00				
	:15				
	:30				
	:45				
10 AM	:00				
	:15				
	:30				
	:45				
11 AM	:00				
	:15				
	:30				
	:45				
12 AM	:00				
	:15				
	:30				
	:45				
1 PM	:00				
	:15				
	:30				
	:45				
2 PM	:00				
	:15				
	:30				
	:45				
3 PM	:00				
	:15				
	:30				
	:45				
4 PM	:00				
	:15				
	:30				
	:45				
5 PM	:00				
	:15				
	:30				
	:45				
6 PM	:00				
	:15				
	:30				
	:45				
7 PM	:00				
	:15				
	:30				
	:45				
8 PM	:00				
	:15				
	:30				
	:45				
9 PM	:00				
	:15				
	:30				
	:45				

Appointment Log

Week : ....   Month : ....   Year: ....

Time		Mon	Tue	Wed	Thu ....
8 AM	:00				
	:15				
	:30				
	:45				
9 AM	:00				
	:15				
	:30				
	:45				
10 AM	:00				
	:15				
	:30				
	:45				
11 AM	:00				
	:15				
	:30				
	:45				
12 AM	:00				
	:15				
	:30				
	:45				
1 PM	:00				
	:15				
	:30				
	:45				
2 PM	:00				
	:15				
	:30				
	:45				
3 PM	:00				
	:15				
	:30				
	:45				
4 PM	:00				
	:15				
	:30				
	:45				
5 PM	:00				
	:15				
	:30				
	:45				
6 PM	:00				
	:15				
	:30				
	:45				
7 PM	:00				
	:15				
	:30				
	:45				
8 PM	:00				
	:15				
	:30				
	:45				
9 PM	:00				
	:15				
	:30				
	:45				

Appointment Log

Week : ....   Month : ....   Yaear: ....

Time		Fri	Sat	Sun	Notes
8 AM	:00				
	:15				
	:30				
	:45				
9 AM	:00				
	:15				
	:30				
	:45				
10 AM	:00				
	:15				
	:30				
	:45				
11 AM	:00				
	:15				
	:30				
	:45				
12 AM	:00				
	:15				
	:30				
	:45				
1 PM	:00				
	:15				
	:30				
	:45				
2 PM	:00				
	:15				
	:30				
	:45				
3 PM	:00				
	:15				
	:30				
	:45				
4 PM	:00				
	:15				
	:30				
	:45				
5 PM	:00				
	:15				
	:30				
	:45				
6 PM	:00				
	:15				
	:30				
	:45				
7 PM	:00				
	:15				
	:30				
	:45				
8 PM	:00				
	:15				
	:30				
	:45				
9 PM	:00				
	:15				
	:30				
	:45				

Appointment Log

Time		Mon	Tue	Wed	Thu ....
8 AM	:00				
	:15				
	:30				
	:45				
9 AM	:00				
	:15				
	:30				
	:45				
10 AM	:00				
	:15				
	:30				
	:45				
11 AM	:00				
	:15				
	:30				
	:45				
12 AM	:00				
	:15				
	:30				
	:45				
1 PM	:00				
	:15				
	:30				
	:45				
2 PM	:00				
	:15				
	:30				
	:45				
3 PM	:00				
	:15				
	:30				
	:45				
4 PM	:00				
	:15				
	:30				
	:45				
5 PM	:00				
	:15				
	:30				
	:45				
6 PM	:00				
	:15				
	:30				
	:45				
7 PM	:00				
	:15				
	:30				
	:45				
8 PM	:00				
	:15				
	:30				
	:45				
9 PM	:00				
	:15				
	:30				
	:45				

Appointment Log

Week : ....   Month : ....   Year: ....

Time		Fri	Sat	Sun	Notes
8 AM	:00				_____
	:15				
	:30				_____
	:45				
9 AM	:00				_____
	:15				
	:30				
	:45				
10 AM	:00				_____
	:15				
	:30				_____
	:45				
11 AM	:00				_____
	:15				
	:30				_____
	:45				
12 AM	:00				_____
	:15				
	:30				_____
	:45				
1 PM	:00				_____
	:15				
	:30				_____
	:45				
2 PM	:00				_____
	:15				
	:30				_____
	:45				
3 PM	:00				_____
	:15				
	:30				_____
	:45				
4 PM	:00				_____
	:15				
	:30				_____
	:45				
5 PM	:00				_____
	:15				
	:30				_____
	:45				
6 PM	:00				_____
	:15				
	:30				_____
	:45				
7 PM	:00				_____
	:15				
	:30				_____
	:45				
8 PM	:00				_____
	:15				
	:30				_____
	:45				
9 PM	:00				_____
	:15				
	:30				_____
	:45				

Appointment Log

Week : ....   Month : ....   Year: ....

Time		Mon	Tue	Wed	Thu ....
8 AM	:00				
	:15				
	:30				
	:45				
9 AM	:00				
	:15				
	:30				
	:45				
10 AM	:00				
	:15				
	:30				
	:45				
11 AM	:00				
	:15				
	:30				
	:45				
12 AM	:00				
	:15				
	:30				
	:45				
1 PM	:00				
	:15				
	:30				
	:45				
2 PM	:00				
	:15				
	:30				
	:45				
3 PM	:00				
	:15				
	:30				
	:45				
4 PM	:00				
	:15				
	:30				
	:45				
5 PM	:00				
	:15				
	:30				
	:45				
6 PM	:00				
	:15				
	:30				
	:45				
7 PM	:00				
	:15				
	:30				
	:45				
8 PM	:00				
	:15				
	:30				
	:45				
9 PM	:00				
	:15				
	:30				
	:45				

Appointment Log

Week : ....   Month : ....   Year: ....

Time		Fri	Sat	Sun	Notes
8 AM	:00				
	:15				
	:30				
	:45				
9 AM	:00				
	:15				
	:30				
	:45				
10 AM	:00				
	:15				
	:30				
	:45				
11 AM	:00				
	:15				
	:30				
	:45				
12 AM	:00				
	:15				
	:30				
	:45				
1 PM	:00				
	:15				
	:30				
	:45				
2 PM	:00				
	:15				
	:30				
	:45				
3 PM	:00				
	:15				
	:30				
	:45				
4 PM	:00				
	:15				
	:30				
	:45				
5 PM	:00				
	:15				
	:30				
	:45				
6 PM	:00				
	:15				
	:30				
	:45				
7 PM	:00				
	:15				
	:30				
	:45				
8 PM	:00				
	:15				
	:30				
	:45				
9 PM	:00				
	:15				
	:30				
	:45				

Appointment Log

Week : ....   Month : ....   Yaear: ....

Time		Mon	Tue	Wed	Thu ....
8 AM	:00				
	:15				
	:30				
	:45				
9 AM	:00				
	:15				
	:30				
	:45				
10 AM	:00				
	:15				
	:30				
	:45				
11 AM	:00				
	:15				
	:30				
	:45				
12 AM	:00				
	:15				
	:30				
	:45				
1 PM	:00				
	:15				
	:30				
	:45				
2 PM	:00				
	:15				
	:30				
	:45				
3 PM	:00				
	:15				
	:30				
	:45				
4 PM	:00				
	:15				
	:30				
	:45				
5 PM	:00				
	:15				
	:30				
	:45				
6 PM	:00				
	:15				
	:30				
	:45				
7 PM	:00				
	:15				
	:30				
	:45				
8 PM	:00				
	:15				
	:30				
	:45				
9 PM	:00				
	:15				
	:30				
	:45				

Appointment Log

Week : .... Month : .... Yaear: ....

Time		Fri	Sat	Sun	Notes
8 AM	:00				
	:15				
	:30				
	:45				
9 AM	:00				
	:15				
	:30				
	:45				
10 AM	:00				
	:15				
	:30				
	:45				
11 AM	:00				
	:15				
	:30				
	:45				
12 AM	:00				
	:15				
	:30				
	:45				
1 PM	:00				
	:15				
	:30				
	:45				
2 PM	:00				
	:15				
	:30				
	:45				
3 PM	:00				
	:15				
	:30				
	:45				
4 PM	:00				
	:15				
	:30				
	:45				
5 PM	:00				
	:15				
	:30				
	:45				
6 PM	:00				
	:15				
	:30				
	:45				
7 PM	:00				
	:15				
	:30				
	:45				
8 PM	:00				
	:15				
	:30				
	:45				
9 PM	:00				
	:15				
	:30				
	:45				

Appointment Log

Week : ....   Month : ....   Yaear: ....

Time		Mon	Tue	Wed	Thu ....
8 AM	:00				
	:15				
	:30				
	:45				
9 AM	:00				
	:15				
	:30				
	:45				
10 AM	:00				
	:15				
	:30				
	:45				
11 AM	:00				
	:15				
	:30				
	:45				
12 AM	:00				
	:15				
	:30				
	:45				
1 PM	:00				
	:15				
	:30				
	:45				
2 PM	:00				
	:15				
	:30				
	:45				
3 PM	:00				
	:15				
	:30				
	:45				
4 PM	:00				
	:15				
	:30				
	:45				
5 PM	:00				
	:15				
	:30				
	:45				
6 PM	:00				
	:15				
	:30				
	:45				
7 PM	:00				
	:15				
	:30				
	:45				
8 PM	:00				
	:15				
	:30				
	:45				
9 PM	:00				
	:15				
	:30				
	:45				

Appointment Log

Week : ....   Month : ....   Year: ....

Time		Fri	Sat	Sun	Notes
8 AM	:00				
	:15				
	:30				
	:45				
9 AM	:00				
	:15				
	:30				
	:45				
10 AM	:00				
	:15				
	:30				
	:45				
11 AM	:00				
	:15				
	:30				
	:45				
12 AM	:00				
	:15				
	:30				
	:45				
1 PM	:00				
	:15				
	:30				
	:45				
2 PM	:00				
	:15				
	:30				
	:45				
3 PM	:00				
	:15				
	:30				
	:45				
4 PM	:00				
	:15				
	:30				
	:45				
5 PM	:00				
	:15				
	:30				
	:45				
6 PM	:00				
	:15				
	:30				
	:45				
7 PM	:00				
	:15				
	:30				
	:45				
8 PM	:00				
	:15				
	:30				
	:45				
9 PM	:00				
	:15				
	:30				
	:45				

Appointment Log

Week : ....   Month : ....   Year: ....

Time		Mon	Tue	Wed	Thu ....
8 AM	:00				
	:15				
	:30				
	:45				
9 AM	:00				
	:15				
	:30				
	:45				
10 AM	:00				
	:15				
	:30				
	:45				
11 AM	:00				
	:15				
	:30				
	:45				
12 AM	:00				
	:15				
	:30				
	:45				
1 PM	:00				
	:15				
	:30				
	:45				
2 PM	:00				
	:15				
	:30				
	:45				
3 PM	:00				
	:15				
	:30				
	:45				
4 PM	:00				
	:15				
	:30				
	:45				
5 PM	:00				
	:15				
	:30				
	:45				
6 PM	:00				
	:15				
	:30				
	:45				
7 PM	:00				
	:15				
	:30				
	:45				
8 PM	:00				
	:15				
	:30				
	:45				
9 PM	:00				
	:15				
	:30				
	:45				

Appointment Log

Week : ....   Month : ....   Year: ....

Time		Fri	Sat	Sun	Notes
8 AM	:00				
	:15				
	:30				
	:45				
9 AM	:00				
	:15				
	:30				
	:45				
10 AM	:00				
	:15				
	:30				
	:45				
11 AM	:00				
	:15				
	:30				
	:45				
12 AM	:00				
	:15				
	:30				
	:45				
1 PM	:00				
	:15				
	:30				
	:45				
2 PM	:00				
	:15				
	:30				
	:45				
3 PM	:00				
	:15				
	:30				
	:45				
4 PM	:00				
	:15				
	:30				
	:45				
5 PM	:00				
	:15				
	:30				
	:45				
6 PM	:00				
	:15				
	:30				
	:45				
7 PM	:00				
	:15				
	:30				
	:45				
8 PM	:00				
	:15				
	:30				
	:45				
9 PM	:00				
	:15				
	:30				
	:45				

Appointment Log

Time		Mon	Tue	Wed	Thu ....
8 AM	:00				
	:15				
	:30				
	:45				
9 AM	:00				
	:15				
	:30				
	:45				
10 AM	:00				
	:15				
	:30				
	:45				
11 AM	:00				
	:15				
	:30				
	:45				
12 AM	:00				
	:15				
	:30				
	:45				
1 PM	:00				
	:15				
	:30				
	:45				
2 PM	:00				
	:15				
	:30				
	:45				
3 PM	:00				
	:15				
	:30				
	:45				
4 PM	:00				
	:15				
	:30				
	:45				
5 PM	:00				
	:15				
	:30				
	:45				
6 PM	:00				
	:15				
	:30				
	:45				
7 PM	:00				
	:15				
	:30				
	:45				
8 PM	:00				
	:15				
	:30				
	:45				
9 PM	:00				
	:15				
	:30				
	:45				

Appointment Log

Week : ....   Month : ....   Year: ....

Time		Fri	Sat	Sun	Notes
8 AM	:00				
	:15				
	:30				
	:45				
9 AM	:00				
	:15				
	:30				
	:45				
10 AM	:00				
	:15				
	:30				
	:45				
11 AM	:00				
	:15				
	:30				
	:45				
12 AM	:00				
	:15				
	:30				
	:45				
1 PM	:00				
	:15				
	:30				
	:45				
2 PM	:00				
	:15				
	:30				
	:45				
3 PM	:00				
	:15				
	:30				
	:45				
4 PM	:00				
	:15				
	:30				
	:45				
5 PM	:00				
	:15				
	:30				
	:45				
6 PM	:00				
	:15				
	:30				
	:45				
7 PM	:00				
	:15				
	:30				
	:45				
8 PM	:00				
	:15				
	:30				
	:45				
9 PM	:00				
	:15				
	:30				
	:45				

Appointment Log

Time		Mon	Tue	Wed	Thu ....
8 AM	:00				
	:15				
	:30				
	:45				
9 AM	:00				
	:15				
	:30				
	:45				
10 AM	:00				
	:15				
	:30				
	:45				
11 AM	:00				
	:15				
	:30				
	:45				
12 AM	:00				
	:15				
	:30				
	:45				
1 PM	:00				
	:15				
	:30				
	:45				
2 PM	:00				
	:15				
	:30				
	:45				
3 PM	:00				
	:15				
	:30				
	:45				
4 PM	:00				
	:15				
	:30				
	:45				
5 PM	:00				
	:15				
	:30				
	:45				
6 PM	:00				
	:15				
	:30				
	:45				
7 PM	:00				
	:15				
	:30				
	:45				
8 PM	:00				
	:15				
	:30				
	:45				
9 PM	:00				
	:15				
	:30				
	:45				

Appointment Log

Week : ....   Month : ....   Yaear: ....

Time		Fri	Sat	Sun	Notes
8 AM	:00				
	:15				
	:30				
	:45				
9 AM	:00				
	:15				
	:30				
	:45				
10 AM	:00				
	:15				
	:30				
	:45				
11 AM	:00				
	:15				
	:30				
	:45				
12 AM	:00				
	:15				
	:30				
	:45				
1 PM	:00				
	:15				
	:30				
	:45				
2 PM	:00				
	:15				
	:30				
	:45				
3 PM	:00				
	:15				
	:30				
	:45				
4 PM	:00				
	:15				
	:30				
	:45				
5 PM	:00				
	:15				
	:30				
	:45				
6 PM	:00				
	:15				
	:30				
	:45				
7 PM	:00				
	:15				
	:30				
	:45				
8 PM	:00				
	:15				
	:30				
	:45				
9 PM	:00				
	:15				
	:30				
	:45				

Appointment Log

Week : ....　　Month : ....　　Yaear: ....

Time		Mon	Tue	Wed	Thu ....
8 AM	:00				
	:15				
	:30				
	:45				
9 AM	:00				
	:15				
	:30				
	:45				
10 AM	:00				
	:15				
	:30				
	:45				
11 AM	:00				
	:15				
	:30				
	:45				
12 AM	:00				
	:15				
	:30				
	:45				
1 PM	:00				
	:15				
	:30				
	:45				
2 PM	:00				
	:15				
	:30				
	:45				
3 PM	:00				
	:15				
	:30				
	:45				
4 PM	:00				
	:15				
	:30				
	:45				
5 PM	:00				
	:15				
	:30				
	:45				
6 PM	:00				
	:15				
	:30				
	:45				
7 PM	:00				
	:15				
	:30				
	:45				
8 PM	:00				
	:15				
	:30				
	:45				
9 PM	:00				
	:15				
	:30				
	:45				

Appointment Log

Time		Fri	Sat	Sun	Notes
8 AM	:00				
	:15				
	:30				
	:45				
9 AM	:00				
	:15				
	:30				
	:45				
10 AM	:00				
	:15				
	:30				
	:45				
11 AM	:00				
	:15				
	:30				
	:45				
12 AM	:00				
	:15				
	:30				
	:45				
1 PM	:00				
	:15				
	:30				
	:45				
2 PM	:00				
	:15				
	:30				
	:45				
3 PM	:00				
	:15				
	:30				
	:45				
4 PM	:00				
	:15				
	:30				
	:45				
5 PM	:00				
	:15				
	:30				
	:45				
6 PM	:00				
	:15				
	:30				
	:45				
7 PM	:00				
	:15				
	:30				
	:45				
8 PM	:00				
	:15				
	:30				
	:45				
9 PM	:00				
	:15				
	:30				
	:45				

Appointment Log

Week : ....   Month : ....   Year: ....

Time		Mon	Tue	Wed	Thu ....
8 AM	:00				
	:15				
	:30				
	:45				
9 AM	:00				
	:15				
	:30				
	:45				
10 AM	:00				
	:15				
	:30				
	:45				
11 AM	:00				
	:15				
	:30				
	:45				
12 AM	:00				
	:15				
	:30				
	:45				
1 PM	:00				
	:15				
	:30				
	:45				
2 PM	:00				
	:15				
	:30				
	:45				
3 PM	:00				
	:15				
	:30				
	:45				
4 PM	:00				
	:15				
	:30				
	:45				
5 PM	:00				
	:15				
	:30				
	:45				
6 PM	:00				
	:15				
	:30				
	:45				
7 PM	:00				
	:15				
	:30				
	:45				
8 PM	:00				
	:15				
	:30				
	:45				
9 PM	:00				
	:15				
	:30				
	:45				

Appointment Log

Week : ....   Month : ....   Year: ....

Time		Fri	Sat	Sun	Notes
8 AM	:00				
	:15				
	:30				
	:45				
9 AM	:00				
	:15				
	:30				
	:45				
10 AM	:00				
	:15				
	:30				
	:45				
11 AM	:00				
	:15				
	:30				
	:45				
12 AM	:00				
	:15				
	:30				
	:45				
1 PM	:00				
	:15				
	:30				
	:45				
2 PM	:00				
	:15				
	:30				
	:45				
3 PM	:00				
	:15				
	:30				
	:45				
4 PM	:00				
	:15				
	:30				
	:45				
5 PM	:00				
	:15				
	:30				
	:45				
6 PM	:00				
	:15				
	:30				
	:45				
7 PM	:00				
	:15				
	:30				
	:45				
8 PM	:00				
	:15				
	:30				
	:45				
9 PM	:00				
	:15				
	:30				
	:45				

Appointment Log

Time		Mon	Tue	Wed	Thu ....
8 AM	:00				
	:15				
	:30				
	:45				
9 AM	:00				
	:15				
	:30				
	:45				
10 AM	:00				
	:15				
	:30				
	:45				
11 AM	:00				
	:15				
	:30				
	:45				
12 AM	:00				
	:15				
	:30				
	:45				
1 PM	:00				
	:15				
	:30				
	:45				
2 PM	:00				
	:15				
	:30				
	:45				
3 PM	:00				
	:15				
	:30				
	:45				
4 PM	:00				
	:15				
	:30				
	:45				
5 PM	:00				
	:15				
	:30				
	:45				
6 PM	:00				
	:15				
	:30				
	:45				
7 PM	:00				
	:15				
	:30				
	:45				
8 PM	:00				
	:15				
	:30				
	:45				
9 PM	:00				
	:15				
	:30				
	:45				

Appointment Log

Week : ....   Month : ....   Year: ....

Time		Fri	Sat	Sun	Notes
8 AM	:00				
	:15				
	:30				
	:45				
9 AM	:00				
	:15				
	:30				
	:45				
10 AM	:00				
	:15				
	:30				
	:45				
11 AM	:00				
	:15				
	:30				
	:45				
12 AM	:00				
	:15				
	:30				
	:45				
1 PM	:00				
	:15				
	:30				
	:45				
2 PM	:00				
	:15				
	:30				
	:45				
3 PM	:00				
	:15				
	:30				
	:45				
4 PM	:00				
	:15				
	:30				
	:45				
5 PM	:00				
	:15				
	:30				
	:45				
6 PM	:00				
	:15				
	:30				
	:45				
7 PM	:00				
	:15				
	:30				
	:45				
8 PM	:00				
	:15				
	:30				
	:45				
9 PM	:00				
	:15				
	:30				
	:45				

Appointment Log

Week : ....   Month : ....   Yaear: ....

Time		Mon	Tue	Wed	Thu ....
8 AM	:00				
	:15				
	:30				
	:45				
9 AM	:00				
	:15				
	:30				
	:45				
10 AM	:00				
	:15				
	:30				
	:45				
11 AM	:00				
	:15				
	:30				
	:45				
12 AM	:00				
	:15				
	:30				
	:45				
1 PM	:00				
	:15				
	:30				
	:45				
2 PM	:00				
	:15				
	:30				
	:45				
3 PM	:00				
	:15				
	:30				
	:45				
4 PM	:00				
	:15				
	:30				
	:45				
5 PM	:00				
	:15				
	:30				
	:45				
6 PM	:00				
	:15				
	:30				
	:45				
7 PM	:00				
	:15				
	:30				
	:45				
8 PM	:00				
	:15				
	:30				
	:45				
9 PM	:00				
	:15				
	:30				
	:45				

Appointment Log

Week : ....   Month : ....   Year: ....

Time		Fri	Sat	Sun	Notes
8 AM	:00				
	:15				
	:30				
	:45				
9 AM	:00				
	:15				
	:30				
	:45				
10 AM	:00				
	:15				
	:30				
	:45				
11 AM	:00				
	:15				
	:30				
	:45				
12 AM	:00				
	:15				
	:30				
	:45				
1 PM	:00				
	:15				
	:30				
	:45				
2 PM	:00				
	:15				
	:30				
	:45				
3 PM	:00				
	:15				
	:30				
	:45				
4 PM	:00				
	:15				
	:30				
	:45				
5 PM	:00				
	:15				
	:30				
	:45				
6 PM	:00				
	:15				
	:30				
	:45				
7 PM	:00				
	:15				
	:30				
	:45				
8 PM	:00				
	:15				
	:30				
	:45				
9 PM	:00				
	:15				
	:30				
	:45				

Appointment Log

Week : ....   Month : ....   Yaear: ....

Time		Mon	Tue	Wed	Thu ....
8 AM	:00				
	:15				
	:30				
	:45				
9 AM	:00				
	:15				
	:30				
	:45				
10 AM	:00				
	:15				
	:30				
	:45				
11 AM	:00				
	:15				
	:30				
	:45				
12 AM	:00				
	:15				
	:30				
	:45				
1 PM	:00				
	:15				
	:30				
	:45				
2 PM	:00				
	:15				
	:30				
	:45				
3 PM	:00				
	:15				
	:30				
	:45				
4 PM	:00				
	:15				
	:30				
	:45				
5 PM	:00				
	:15				
	:30				
	:45				
6 PM	:00				
	:15				
	:30				
	:45				
7 PM	:00				
	:15				
	:30				
	:45				
8 PM	:00				
	:15				
	:30				
	:45				
9 PM	:00				
	:15				
	:30				
	:45				

Appointment Log

Week : ....   Month : ....   Yaear: ....

Time		Fri	Sat	Sun	Notes
8 AM	:00				
	:15				
	:30				
	:45				
9 AM	:00				
	:15				
	:30				
	:45				
10 AM	:00				
	:15				
	:30				
	:45				
11 AM	:00				
	:15				
	:30				
	:45				
12 AM	:00				
	:15				
	:30				
	:45				
1 PM	:00				
	:15				
	:30				
	:45				
2 PM	:00				
	:15				
	:30				
	:45				
3 PM	:00				
	:15				
	:30				
	:45				
4 PM	:00				
	:15				
	:30				
	:45				
5 PM	:00				
	:15				
	:30				
	:45				
6 PM	:00				
	:15				
	:30				
	:45				
7 PM	:00				
	:15				
	:30				
	:45				
8 PM	:00				
	:15				
	:30				
	:45				
9 PM	:00				
	:15				
	:30				
	:45				

Appointment Log

Week : ....   Month : ....   Year: ....

Time		Mon	Tue	Wed	Thu ....
8 AM	:00				
	:15				
	:30				
	:45				
9 AM	:00				
	:15				
	:30				
	:45				
10 AM	:00				
	:15				
	:30				
	:45				
11 AM	:00				
	:15				
	:30				
	:45				
12 AM	:00				
	:15				
	:30				
	:45				
1 PM	:00				
	:15				
	:30				
	:45				
2 PM	:00				
	:15				
	:30				
	:45				
3 PM	:00				
	:15				
	:30				
	:45				
4 PM	:00				
	:15				
	:30				
	:45				
5 PM	:00				
	:15				
	:30				
	:45				
6 PM	:00				
	:15				
	:30				
	:45				
7 PM	:00				
	:15				
	:30				
	:45				
8 PM	:00				
	:15				
	:30				
	:45				
9 PM	:00				
	:15				
	:30				
	:45				

Appointment Log

Week : ....   Month : ....   Year: ....

Time		Fri	Sat	Sun	Notes
8 AM	:00				
	:15				
	:30				
	:45				
9 AM	:00				
	:15				
	:30				
	:45				
10 AM	:00				
	:15				
	:30				
	:45				
11 AM	:00				
	:15				
	:30				
	:45				
12 AM	:00				
	:15				
	:30				
	:45				
1 PM	:00				
	:15				
	:30				
	:45				
2 PM	:00				
	:15				
	:30				
	:45				
3 PM	:00				
	:15				
	:30				
	:45				
4 PM	:00				
	:15				
	:30				
	:45				
5 PM	:00				
	:15				
	:30				
	:45				
6 PM	:00				
	:15				
	:30				
	:45				
7 PM	:00				
	:15				
	:30				
	:45				
8 PM	:00				
	:15				
	:30				
	:45				
9 PM	:00				
	:15				
	:30				
	:45				

Appointment Log

Week : ....   Month : ....   Year: ....

Time		Mon	Tue	Wed	Thu ....
8 AM	:00				
	:15				
	:30				
	:45				
9 AM	:00				
	:15				
	:30				
	:45				
10 AM	:00				
	:15				
	:30				
	:45				
11 AM	:00				
	:15				
	:30				
	:45				
12 AM	:00				
	:15				
	:30				
	:45				
1 PM	:00				
	:15				
	:30				
	:45				
2 PM	:00				
	:15				
	:30				
	:45				
3 PM	:00				
	:15				
	:30				
	:45				
4 PM	:00				
	:15				
	:30				
	:45				
5 PM	:00				
	:15				
	:30				
	:45				
6 PM	:00				
	:15				
	:30				
	:45				
7 PM	:00				
	:15				
	:30				
	:45				
8 PM	:00				
	:15				
	:30				
	:45				
9 PM	:00				
	:15				
	:30				
	:45				

Appointment Log

Week : ....   Month : ....   Yaear: ....

Time		Fri	Sat	Sun	Notes
8 AM	:00				
	:15				
	:30				
	:45				
9 AM	:00				
	:15				
	:30				
	:45				
10 AM	:00				
	:15				
	:30				
	:45				
11 AM	:00				
	:15				
	:30				
	:45				
12 AM	:00				
	:15				
	:30				
	:45				
1 PM	:00				
	:15				
	:30				
	:45				
2 PM	:00				
	:15				
	:30				
	:45				
3 PM	:00				
	:15				
	:30				
	:45				
4 PM	:00				
	:15				
	:30				
	:45				
5 PM	:00				
	:15				
	:30				
	:45				
6 PM	:00				
	:15				
	:30				
	:45				
7 PM	:00				
	:15				
	:30				
	:45				
8 PM	:00				
	:15				
	:30				
	:45				
9 PM	:00				
	:15				
	:30				
	:45				

Appointment Log

Time		Mon	Tue	Wed	Thu ....
8 AM	:00				
	:15				
	:30				
	:45				
9 AM	:00				
	:15				
	:30				
	:45				
10 AM	:00				
	:15				
	:30				
	:45				
11 AM	:00				
	:15				
	:30				
	:45				
12 AM	:00				
	:15				
	:30				
	:45				
1 PM	:00				
	:15				
	:30				
	:45				
2 PM	:00				
	:15				
	:30				
	:45				
3 PM	:00				
	:15				
	:30				
	:45				
4 PM	:00				
	:15				
	:30				
	:45				
5 PM	:00				
	:15				
	:30				
	:45				
6 PM	:00				
	:15				
	:30				
	:45				
7 PM	:00				
	:15				
	:30				
	:45				
8 PM	:00				
	:15				
	:30				
	:45				
9 PM	:00				
	:15				
	:30				
	:45				

Appointment Log

Week : ....   Month : ....   Year: ....

Time		Fri	Sat	Sun	Notes
8 AM	:00				
	:15				
	:30				
	:45				
9 AM	:00				
	:15				
	:30				
	:45				
10 AM	:00				
	:15				
	:30				
	:45				
11 AM	:00				
	:15				
	:30				
	:45				
12 AM	:00				
	:15				
	:30				
	:45				
1 PM	:00				
	:15				
	:30				
	:45				
2 PM	:00				
	:15				
	:30				
	:45				
3 PM	:00				
	:15				
	:30				
	:45				
4 PM	:00				
	:15				
	:30				
	:45				
5 PM	:00				
	:15				
	:30				
	:45				
6 PM	:00				
	:15				
	:30				
	:45				
7 PM	:00				
	:15				
	:30				
	:45				
8 PM	:00				
	:15				
	:30				
	:45				
9 PM	:00				
	:15				
	:30				
	:45				

Appointment Log

Week : ....   Month : ....   Year: ....

Time		Mon	Tue	Wed	Thu ....
8 AM	:00				
	:15				
	:30				
	:45				
9 AM	:00				
	:15				
	:30				
	:45				
10 AM	:00				
	:15				
	:30				
	:45				
11 AM	:00				
	:15				
	:30				
	:45				
12 AM	:00				
	:15				
	:30				
	:45				
1 PM	:00				
	:15				
	:30				
	:45				
2 PM	:00				
	:15				
	:30				
	:45				
3 PM	:00				
	:15				
	:30				
	:45				
4 PM	:00				
	:15				
	:30				
	:45				
5 PM	:00				
	:15				
	:30				
	:45				
6 PM	:00				
	:15				
	:30				
	:45				
7 PM	:00				
	:15				
	:30				
	:45				
8 PM	:00				
	:15				
	:30				
	:45				
9 PM	:00				
	:15				
	:30				
	:45				

Appointment Log

Week : ....   Month : ....   Yaear: ....

Time		Fri	Sat	Sun	Notes
8 AM	:00				
	:15				
	:30				
	:45				
9 AM	:00				
	:15				
	:30				
	:45				
10 AM	:00				
	:15				
	:30				
	:45				
11 AM	:00				
	:15				
	:30				
	:45				
12 AM	:00				
	:15				
	:30				
	:45				
1 PM	:00				
	:15				
	:30				
	:45				
2 PM	:00				
	:15				
	:30				
	:45				
3 PM	:00				
	:15				
	:30				
	:45				
4 PM	:00				
	:15				
	:30				
	:45				
5 PM	:00				
	:15				
	:30				
	:45				
6 PM	:00				
	:15				
	:30				
	:45				
7 PM	:00				
	:15				
	:30				
	:45				
8 PM	:00				
	:15				
	:30				
	:45				
9 PM	:00				
	:15				
	:30				
	:45				

Appointment Log

Week : ....   Month : ....   Year: ....

Time		Mon	Tue	Wed	Thu ....
8 AM	:00				
	:15				
	:30				
	:45				
9 AM	:00				
	:15				
	:30				
	:45				
10 AM	:00				
	:15				
	:30				
	:45				
11 AM	:00				
	:15				
	:30				
	:45				
12 AM	:00				
	:15				
	:30				
	:45				
1 PM	:00				
	:15				
	:30				
	:45				
2 PM	:00				
	:15				
	:30				
	:45				
3 PM	:00				
	:15				
	:30				
	:45				
4 PM	:00				
	:15				
	:30				
	:45				
5 PM	:00				
	:15				
	:30				
	:45				
6 PM	:00				
	:15				
	:30				
	:45				
7 PM	:00				
	:15				
	:30				
	:45				
8 PM	:00				
	:15				
	:30				
	:45				
9 PM	:00				
	:15				
	:30				
	:45				

Appointment Log

Week : ....   Month : ....   Year: ....

Time		Fri	Sat	Sun	Notes
8 AM	:00				
	:15				
	:30				
	:45				
9 AM	:00				
	:15				
	:30				
	:45				
10 AM	:00				
	:15				
	:30				
	:45				
11 AM	:00				
	:15				
	:30				
	:45				
12 AM	:00				
	:15				
	:30				
	:45				
1 PM	:00				
	:15				
	:30				
	:45				
2 PM	:00				
	:15				
	:30				
	:45				
3 PM	:00				
	:15				
	:30				
	:45				
4 PM	:00				
	:15				
	:30				
	:45				
5 PM	:00				
	:15				
	:30				
	:45				
6 PM	:00				
	:15				
	:30				
	:45				
7 PM	:00				
	:15				
	:30				
	:45				
8 PM	:00				
	:15				
	:30				
	:45				
9 PM	:00				
	:15				
	:30				
	:45				

Appointment Log

Week : ....   Month : ....   Year : ....

Time		Mon	Tue	Wed	Thu ....
8 AM	:00				
	:15				
	:30				
	:45				
9 AM	:00				
	:15				
	:30				
	:45				
10 AM	:00				
	:15				
	:30				
	:45				
11 AM	:00				
	:15				
	:30				
	:45				
12 AM	:00				
	:15				
	:30				
	:45				
1 PM	:00				
	:15				
	:30				
	:45				
2 PM	:00				
	:15				
	:30				
	:45				
3 PM	:00				
	:15				
	:30				
	:45				
4 PM	:00				
	:15				
	:30				
	:45				
5 PM	:00				
	:15				
	:30				
	:45				
6 PM	:00				
	:15				
	:30				
	:45				
7 PM	:00				
	:15				
	:30				
	:45				
8 PM	:00				
	:15				
	:30				
	:45				
9 PM	:00				
	:15				
	:30				
	:45				

Appointment Log

Week : ....   Month : ....   Year: ....

Time		Fri	Sat	Sun	Notes
8 AM	:00				
	:15				
	:30				
	:45				
9 AM	:00				
	:15				
	:30				
	:45				
10 AM	:00				
	:15				
	:30				
	:45				
11 AM	:00				
	:15				
	:30				
	:45				
12 AM	:00				
	:15				
	:30				
	:45				
1 PM	:00				
	:15				
	:30				
	:45				
2 PM	:00				
	:15				
	:30				
	:45				
3 PM	:00				
	:15				
	:30				
	:45				
4 PM	:00				
	:15				
	:30				
	:45				
5 PM	:00				
	:15				
	:30				
	:45				
6 PM	:00				
	:15				
	:30				
	:45				
7 PM	:00				
	:15				
	:30				
	:45				
8 PM	:00				
	:15				
	:30				
	:45				
9 PM	:00				
	:15				
	:30				
	:45				

Appointment Log

Week : ....   Month : ....   Yaear: ....

Time		Mon	Tue	Wed	Thu ....
8 AM	:00				
	:15				
	:30				
	:45				
9 AM	:00				
	:15				
	:30				
	:45				
10 AM	:00				
	:15				
	:30				
	:45				
11 AM	:00				
	:15				
	:30				
	:45				
12 AM	:00				
	:15				
	:30				
	:45				
1 PM	:00				
	:15				
	:30				
	:45				
2 PM	:00				
	:15				
	:30				
	:45				
3 PM	:00				
	:15				
	:30				
	:45				
4 PM	:00				
	:15				
	:30				
	:45				
5 PM	:00				
	:15				
	:30				
	:45				
6 PM	:00				
	:15				
	:30				
	:45				
7 PM	:00				
	:15				
	:30				
	:45				
8 PM	:00				
	:15				
	:30				
	:45				
9 PM	:00				
	:15				
	:30				
	:45				

Appointment Log

Time		Fri	Sat	Sun	Notes
8 AM	:00				
	:15				
	:30				
	:45				
9 AM	:00				
	:15				
	:30				
	:45				
10 AM	:00				
	:15				
	:30				
	:45				
11 AM	:00				
	:15				
	:30				
	:45				
12 AM	:00				
	:15				
	:30				
	:45				
1 PM	:00				
	:15				
	:30				
	:45				
2 PM	:00				
	:15				
	:30				
	:45				
3 PM	:00				
	:15				
	:30				
	:45				
4 PM	:00				
	:15				
	:30				
	:45				
5 PM	:00				
	:15				
	:30				
	:45				
6 PM	:00				
	:15				
	:30				
	:45				
7 PM	:00				
	:15				
	:30				
	:45				
8 PM	:00				
	:15				
	:30				
	:45				
9 PM	:00				
	:15				
	:30				
	:45				

Appointment Log

Time		Mon	Tue	Wed	Thu ....
8 AM	:00				
	:15				
	:30				
	:45				
9 AM	:00				
	:15				
	:30				
	:45				
10 AM	:00				
	:15				
	:30				
	:45				
11 AM	:00				
	:15				
	:30				
	:45				
12 AM	:00				
	:15				
	:30				
	:45				
1 PM	:00				
	:15				
	:30				
	:45				
2 PM	:00				
	:15				
	:30				
	:45				
3 PM	:00				
	:15				
	:30				
	:45				
4 PM	:00				
	:15				
	:30				
	:45				
5 PM	:00				
	:15				
	:30				
	:45				
6 PM	:00				
	:15				
	:30				
	:45				
7 PM	:00				
	:15				
	:30				
	:45				
8 PM	:00				
	:15				
	:30				
	:45				
9 PM	:00				
	:15				
	:30				
	:45				

Appointment Log

Week : ....   Month : ....   Yaear: ....

Time		Fri	Sat	Sun	Notes
8 AM	:00				
	:15				
	:30				
	:45				
9 AM	:00				
	:15				
	:30				
	:45				
10 AM	:00				
	:15				
	:30				
	:45				
11 AM	:00				
	:15				
	:30				
	:45				
12 AM	:00				
	:15				
	:30				
	:45				
1 PM	:00				
	:15				
	:30				
	:45				
2 PM	:00				
	:15				
	:30				
	:45				
3 PM	:00				
	:15				
	:30				
	:45				
4 PM	:00				
	:15				
	:30				
	:45				
5 PM	:00				
	:15				
	:30				
	:45				
6 PM	:00				
	:15				
	:30				
	:45				
7 PM	:00				
	:15				
	:30				
	:45				
8 PM	:00				
	:15				
	:30				
	:45				
9 PM	:00				
	:15				
	:30				
	:45				

Appointment Log

Time		Mon	Tue	Wed	Thu ....
8 AM	:00				
	:15				
	:30				
	:45				
9 AM	:00				
	:15				
	:30				
	:45				
10 AM	:00				
	:15				
	:30				
	:45				
11 AM	:00				
	:15				
	:30				
	:45				
12 AM	:00				
	:15				
	:30				
	:45				
1 PM	:00				
	:15				
	:30				
	:45				
2 PM	:00				
	:15				
	:30				
	:45				
3 PM	:00				
	:15				
	:30				
	:45				
4 PM	:00				
	:15				
	:30				
	:45				
5 PM	:00				
	:15				
	:30				
	:45				
6 PM	:00				
	:15				
	:30				
	:45				
7 PM	:00				
	:15				
	:30				
	:45				
8 PM	:00				
	:15				
	:30				
	:45				
9 PM	:00				
	:15				
	:30				
	:45				

Appointment Log

Week : ....   Month : ....   Year: ....

Time		Fri	Sat	Sun	Notes
8 AM	:00				
	:15				
	:30				
	:45				
9 AM	:00				
	:15				
	:30				
	:45				
10 AM	:00				
	:15				
	:30				
	:45				
11 AM	:00				
	:15				
	:30				
	:45				
12 AM	:00				
	:15				
	:30				
	:45				
1 PM	:00				
	:15				
	:30				
	:45				
2 PM	:00				
	:15				
	:30				
	:45				
3 PM	:00				
	:15				
	:30				
	:45				
4 PM	:00				
	:15				
	:30				
	:45				
5 PM	:00				
	:15				
	:30				
	:45				
6 PM	:00				
	:15				
	:30				
	:45				
7 PM	:00				
	:15				
	:30				
	:45				
8 PM	:00				
	:15				
	:30				
	:45				
9 PM	:00				
	:15				
	:30				
	:45				

Appointment Log

Week : ....   Month : ....   Yaear: ....

Time		Mon	Tue	Wed	Thu ....
8 AM	:00				
	:15				
	:30				
	:45				
9 AM	:00				
	:15				
	:30				
	:45				
10 AM	:00				
	:15				
	:30				
	:45				
11 AM	:00				
	:15				
	:30				
	:45				
12 AM	:00				
	:15				
	:30				
	:45				
1 PM	:00				
	:15				
	:30				
	:45				
2 PM	:00				
	:15				
	:30				
	:45				
3 PM	:00				
	:15				
	:30				
	:45				
4 PM	:00				
	:15				
	:30				
	:45				
5 PM	:00				
	:15				
	:30				
	:45				
6 PM	:00				
	:15				
	:30				
	:45				
7 PM	:00				
	:15				
	:30				
	:45				
8 PM	:00				
	:15				
	:30				
	:45				
9 PM	:00				
	:15				
	:30				
	:45				

Appointment Log

Week : ....   Month : ....   Yaear: ....

Time		Fri	Sat	Sun	Notes
8 AM	:00				
	:15				
	:30				
	:45				
9 AM	:00				
	:15				
	:30				
	:45				
10 AM	:00				
	:15				
	:30				
	:45				
11 AM	:00				
	:15				
	:30				
	:45				
12 AM	:00				
	:15				
	:30				
	:45				
1 PM	:00				
	:15				
	:30				
	:45				
2 PM	:00				
	:15				
	:30				
	:45				
3 PM	:00				
	:15				
	:30				
	:45				
4 PM	:00				
	:15				
	:30				
	:45				
5 PM	:00				
	:15				
	:30				
	:45				
6 PM	:00				
	:15				
	:30				
	:45				
7 PM	:00				
	:15				
	:30				
	:45				
8 PM	:00				
	:15				
	:30				
	:45				
9 PM	:00				
	:15				
	:30				
	:45				

Appointment Log

Week : ....   Month : ....   Year: ....

Time		Mon	Tue	Wed	Thu ....
8 AM	:00				
	:15				
	:30				
	:45				
9 AM	:00				
	:15				
	:30				
	:45				
10 AM	:00				
	:15				
	:30				
	:45				
11 AM	:00				
	:15				
	:30				
	:45				
12 AM	:00				
	:15				
	:30				
	:45				
1 PM	:00				
	:15				
	:30				
	:45				
2 PM	:00				
	:15				
	:30				
	:45				
3 PM	:00				
	:15				
	:30				
	:45				
4 PM	:00				
	:15				
	:30				
	:45				
5 PM	:00				
	:15				
	:30				
	:45				
6 PM	:00				
	:15				
	:30				
	:45				
7 PM	:00				
	:15				
	:30				
	:45				
8 PM	:00				
	:15				
	:30				
	:45				
9 PM	:00				
	:15				
	:30				
	:45				

Appointment Log

Week : .... Month : .... Year: ....

Time		Fri …….	Sat …….	Sun …….	Notes
8 AM	:00				
	:15				
	:30				
	:45				
9 AM	:00				
	:15				
	:30				
	:45				
10 AM	:00				
	:15				
	:30				
	:45				
11 AM	:00				
	:15				
	:30				
	:45				
12 AM	:00				
	:15				
	:30				
	:45				
1 PM	:00				
	:15				
	:30				
	:45				
2 PM	:00				
	:15				
	:30				
	:45				
3 PM	:00				
	:15				
	:30				
	:45				
4 PM	:00				
	:15				
	:30				
	:45				
5 PM	:00				
	:15				
	:30				
	:45				
6 PM	:00				
	:15				
	:30				
	:45				
7 PM	:00				
	:15				
	:30				
	:45				
8 PM	:00				
	:15				
	:30				
	:45				
9 PM	:00				
	:15				
	:30				
	:45				

Appointment Log

Week : ....   Month : ....   Yaear: ....

Time		Mon	Tue	Wed	Thu ....
8 AM	:00				
	:15				
	:30				
	:45				
9 AM	:00				
	:15				
	:30				
	:45				
10 AM	:00				
	:15				
	:30				
	:45				
11 AM	:00				
	:15				
	:30				
	:45				
12 AM	:00				
	:15				
	:30				
	:45				
1 PM	:00				
	:15				
	:30				
	:45				
2 PM	:00				
	:15				
	:30				
	:45				
3 PM	:00				
	:15				
	:30				
	:45				
4 PM	:00				
	:15				
	:30				
	:45				
5 PM	:00				
	:15				
	:30				
	:45				
6 PM	:00				
	:15				
	:30				
	:45				
7 PM	:00				
	:15				
	:30				
	:45				
8 PM	:00				
	:15				
	:30				
	:45				
9 PM	:00				
	:15				
	:30				
	:45				

Appointment Log

Week : .... Month : .... Year: ....

Time		Fri	Sat	Sun	Notes
8 AM	:00				
	:15				
	:30				
	:45				
9 AM	:00				
	:15				
	:30				
	:45				
10 AM	:00				
	:15				
	:30				
	:45				
11 AM	:00				
	:15				
	:30				
	:45				
12 AM	:00				
	:15				
	:30				
	:45				
1 PM	:00				
	:15				
	:30				
	:45				
2 PM	:00				
	:15				
	:30				
	:45				
3 PM	:00				
	:15				
	:30				
	:45				
4 PM	:00				
	:15				
	:30				
	:45				
5 PM	:00				
	:15				
	:30				
	:45				
6 PM	:00				
	:15				
	:30				
	:45				
7 PM	:00				
	:15				
	:30				
	:45				
8 PM	:00				
	:15				
	:30				
	:45				
9 PM	:00				
	:15				
	:30				
	:45				

Appointment Log

Week : ....   Month : ....   Year: ....

Time		Mon	Tue	Wed	Thu ....
8 AM	:00				
	:15				
	:30				
	:45				
9 AM	:00				
	:15				
	:30				
	:45				
10 AM	:00				
	:15				
	:30				
	:45				
11 AM	:00				
	:15				
	:30				
	:45				
12 AM	:00				
	:15				
	:30				
	:45				
1 PM	:00				
	:15				
	:30				
	:45				
2 PM	:00				
	:15				
	:30				
	:45				
3 PM	:00				
	:15				
	:30				
	:45				
4 PM	:00				
	:15				
	:30				
	:45				
5 PM	:00				
	:15				
	:30				
	:45				
6 PM	:00				
	:15				
	:30				
	:45				
7 PM	:00				
	:15				
	:30				
	:45				
8 PM	:00				
	:15				
	:30				
	:45				
9 PM	:00				
	:15				
	:30				
	:45				

Appointment Log

Time		Fri	Sat	Sun	Notes
8 AM	:00				
	:15				
	:30				
	:45				
9 AM	:00				
	:15				
	:30				
	:45				
10 AM	:00				
	:15				
	:30				
	:45				
11 AM	:00				
	:15				
	:30				
	:45				
12 AM	:00				
	:15				
	:30				
	:45				
1 PM	:00				
	:15				
	:30				
	:45				
2 PM	:00				
	:15				
	:30				
	:45				
3 PM	:00				
	:15				
	:30				
	:45				
4 PM	:00				
	:15				
	:30				
	:45				
5 PM	:00				
	:15				
	:30				
	:45				
6 PM	:00				
	:15				
	:30				
	:45				
7 PM	:00				
	:15				
	:30				
	:45				
8 PM	:00				
	:15				
	:30				
	:45				
9 PM	:00				
	:15				
	:30				
	:45				

Appointment Log

Week : ....   Month : ....   Yaear: ....

Time		Mon	Tue	Wed	Thu ....
8 AM	:00				
	:15				
	:30				
	:45				
9 AM	:00				
	:15				
	:30				
	:45				
10 AM	:00				
	:15				
	:30				
	:45				
11 AM	:00				
	:15				
	:30				
	:45				
12 AM	:00				
	:15				
	:30				
	:45				
1 PM	:00				
	:15				
	:30				
	:45				
2 PM	:00				
	:15				
	:30				
	:45				
3 PM	:00				
	:15				
	:30				
	:45				
4 PM	:00				
	:15				
	:30				
	:45				
5 PM	:00				
	:15				
	:30				
	:45				
6 PM	:00				
	:15				
	:30				
	:45				
7 PM	:00				
	:15				
	:30				
	:45				
8 PM	:00				
	:15				
	:30				
	:45				
9 PM	:00				
	:15				
	:30				
	:45				

Appointment Log

Week : ....   Month : ....   Yaear: ....

Time		Fri	Sat	Sun	Notes
8 AM	:00				
	:15				
	:30				
	:45				
9 AM	:00				
	:15				
	:30				
	:45				
10 AM	:00				
	:15				
	:30				
	:45				
11 AM	:00				
	:15				
	:30				
	:45				
12 AM	:00				
	:15				
	:30				
	:45				
1 PM	:00				
	:15				
	:30				
	:45				
2 PM	:00				
	:15				
	:30				
	:45				
3 PM	:00				
	:15				
	:30				
	:45				
4 PM	:00				
	:15				
	:30				
	:45				
5 PM	:00				
	:15				
	:30				
	:45				
6 PM	:00				
	:15				
	:30				
	:45				
7 PM	:00				
	:15				
	:30				
	:45				
8 PM	:00				
	:15				
	:30				
	:45				
9 PM	:00				
	:15				
	:30				
	:45				

Appointment Log

Week : ....   Month : ....   Yaear: ....

Time		Mon	Tue	Wed	Thu ....
8 AM	:00				
	:15				
	:30				
	:45				
9 AM	:00				
	:15				
	:30				
	:45				
10 AM	:00				
	:15				
	:30				
	:45				
11 AM	:00				
	:15				
	:30				
	:45				
12 AM	:00				
	:15				
	:30				
	:45				
1 PM	:00				
	:15				
	:30				
	:45				
2 PM	:00				
	:15				
	:30				
	:45				
3 PM	:00				
	:15				
	:30				
	:45				
4 PM	:00				
	:15				
	:30				
	:45				
5 PM	:00				
	:15				
	:30				
	:45				
6 PM	:00				
	:15				
	:30				
	:45				
7 PM	:00				
	:15				
	:30				
	:45				
8 PM	:00				
	:15				
	:30				
	:45				
9 PM	:00				
	:15				
	:30				
	:45				

Appointment Log

Time		Fri	Sat	Sun	Notes
8 AM	:00				
	:15				
	:30				
	:45				
9 AM	:00				
	:15				
	:30				
	:45				
10 AM	:00				
	:15				
	:30				
	:45				
11 AM	:00				
	:15				
	:30				
	:45				
12 AM	:00				
	:15				
	:30				
	:45				
1 PM	:00				
	:15				
	:30				
	:45				
2 PM	:00				
	:15				
	:30				
	:45				
3 PM	:00				
	:15				
	:30				
	:45				
4 PM	:00				
	:15				
	:30				
	:45				
5 PM	:00				
	:15				
	:30				
	:45				
6 PM	:00				
	:15				
	:30				
	:45				
7 PM	:00				
	:15				
	:30				
	:45				
8 PM	:00				
	:15				
	:30				
	:45				
9 PM	:00				
	:15				
	:30				
	:45				

Appointment Log

Time		Mon	Tue	Wed	Thu ....
8 AM	:00				
	:15				
	:30				
	:45				
9 AM	:00				
	:15				
	:30				
	:45				
10 AM	:00				
	:15				
	:30				
	:45				
11 AM	:00				
	:15				
	:30				
	:45				
12 AM	:00				
	:15				
	:30				
	:45				
1 PM	:00				
	:15				
	:30				
	:45				
2 PM	:00				
	:15				
	:30				
	:45				
3 PM	:00				
	:15				
	:30				
	:45				
4 PM	:00				
	:15				
	:30				
	:45				
5 PM	:00				
	:15				
	:30				
	:45				
6 PM	:00				
	:15				
	:30				
	:45				
7 PM	:00				
	:15				
	:30				
	:45				
8 PM	:00				
	:15				
	:30				
	:45				
9 PM	:00				
	:15				
	:30				
	:45				

Appointment Log

Week : ....   Month : ....   Year : ....

Time		Fri	Sat	Sun	Notes
8 AM	:00				
	:15				
	:30				
	:45				
9 AM	:00				
	:15				
	:30				
	:45				
10 AM	:00				
	:15				
	:30				
	:45				
11 AM	:00				
	:15				
	:30				
	:45				
12 AM	:00				
	:15				
	:30				
	:45				
1 PM	:00				
	:15				
	:30				
	:45				
2 PM	:00				
	:15				
	:30				
	:45				
3 PM	:00				
	:15				
	:30				
	:45				
4 PM	:00				
	:15				
	:30				
	:45				
5 PM	:00				
	:15				
	:30				
	:45				
6 PM	:00				
	:15				
	:30				
	:45				
7 PM	:00				
	:15				
	:30				
	:45				
8 PM	:00				
	:15				
	:30				
	:45				
9 PM	:00				
	:15				
	:30				
	:45				

Appointment Log

Week : ....   Month : ....   Yaear: ....

Time		Mon	Tue	Wed	Thu ....
8 AM	:00				
	:15				
	:30				
	:45				
9 AM	:00				
	:15				
	:30				
	:45				
10 AM	:00				
	:15				
	:30				
	:45				
11 AM	:00				
	:15				
	:30				
	:45				
12 AM	:00				
	:15				
	:30				
	:45				
1 PM	:00				
	:15				
	:30				
	:45				
2 PM	:00				
	:15				
	:30				
	:45				
3 PM	:00				
	:15				
	:30				
	:45				
4 PM	:00				
	:15				
	:30				
	:45				
5 PM	:00				
	:15				
	:30				
	:45				
6 PM	:00				
	:15				
	:30				
	:45				
7 PM	:00				
	:15				
	:30				
	:45				
8 PM	:00				
	:15				
	:30				
	:45				
9 PM	:00				
	:15				
	:30				
	:45				

Appointment Log

Week : .... Month : .... Year: ....

Time		Fri	Sat	Sun	Notes
8 AM	:00				
	:15				
	:30				
	:45				
9 AM	:00				
	:15				
	:30				
	:45				
10 AM	:00				
	:15				
	:30				
	:45				
11 AM	:00				
	:15				
	:30				
	:45				
12 AM	:00				
	:15				
	:30				
	:45				
1 PM	:00				
	:15				
	:30				
	:45				
2 PM	:00				
	:15				
	:30				
	:45				
3 PM	:00				
	:15				
	:30				
	:45				
4 PM	:00				
	:15				
	:30				
	:45				
5 PM	:00				
	:15				
	:30				
	:45				
6 PM	:00				
	:15				
	:30				
	:45				
7 PM	:00				
	:15				
	:30				
	:45				
8 PM	:00				
	:15				
	:30				
	:45				
9 PM	:00				
	:15				
	:30				
	:45				

Appointment Log

Week : ....   Month : ....   Year: ....

Time		Mon	Tue	Wed	Thu ....
8 AM	:00				
	:15				
	:30				
	:45				
9 AM	:00				
	:15				
	:30				
	:45				
10 AM	:00				
	:15				
	:30				
	:45				
11 AM	:00				
	:15				
	:30				
	:45				
12 AM	:00				
	:15				
	:30				
	:45				
1 PM	:00				
	:15				
	:30				
	:45				
2 PM	:00				
	:15				
	:30				
	:45				
3 PM	:00				
	:15				
	:30				
	:45				
4 PM	:00				
	:15				
	:30				
	:45				
5 PM	:00				
	:15				
	:30				
	:45				
6 PM	:00				
	:15				
	:30				
	:45				
7 PM	:00				
	:15				
	:30				
	:45				
8 PM	:00				
	:15				
	:30				
	:45				
9 PM	:00				
	:15				
	:30				
	:45				

Appointment Log

Week : ....   Month : ....   Year: ....

Time		Fri	Sat	Sun	Notes
8 AM	:00				
	:15				
	:30				
	:45				
9 AM	:00				
	:15				
	:30				
	:45				
10 AM	:00				
	:15				
	:30				
	:45				
11 AM	:00				
	:15				
	:30				
	:45				
12 AM	:00				
	:15				
	:30				
	:45				
1 PM	:00				
	:15				
	:30				
	:45				
2 PM	:00				
	:15				
	:30				
	:45				
3 PM	:00				
	:15				
	:30				
	:45				
4 PM	:00				
	:15				
	:30				
	:45				
5 PM	:00				
	:15				
	:30				
	:45				
6 PM	:00				
	:15				
	:30				
	:45				
7 PM	:00				
	:15				
	:30				
	:45				
8 PM	:00				
	:15				
	:30				
	:45				
9 PM	:00				
	:15				
	:30				
	:45				

Appointment Log

Week : ....   Month : ....   Yaear: ....

Time		Mon	Tue	Wed	Thu ....
8 AM	:00				
	:15				
	:30				
	:45				
9 AM	:00				
	:15				
	:30				
	:45				
10 AM	:00				
	:15				
	:30				
	:45				
11 AM	:00				
	:15				
	:30				
	:45				
12 AM	:00				
	:15				
	:30				
	:45				
1 PM	:00				
	:15				
	:30				
	:45				
2 PM	:00				
	:15				
	:30				
	:45				
3 PM	:00				
	:15				
	:30				
	:45				
4 PM	:00				
	:15				
	:30				
	:45				
5 PM	:00				
	:15				
	:30				
	:45				
6 PM	:00				
	:15				
	:30				
	:45				
7 PM	:00				
	:15				
	:30				
	:45				
8 PM	:00				
	:15				
	:30				
	:45				
9 PM	:00				
	:15				
	:30				
	:45				

Appointment Log

Week : ....   Month : ....   Yaear: ....

Time		Fri	Sat	Sun	Notes
8 AM	:00				
	:15				
	:30				
	:45				
9 AM	:00				
	:15				
	:30				
	:45				
10 AM	:00				
	:15				
	:30				
	:45				
11 AM	:00				
	:15				
	:30				
	:45				
12 AM	:00				
	:15				
	:30				
	:45				
1 PM	:00				
	:15				
	:30				
	:45				
2 PM	:00				
	:15				
	:30				
	:45				
3 PM	:00				
	:15				
	:30				
	:45				
4 PM	:00				
	:15				
	:30				
	:45				
5 PM	:00				
	:15				
	:30				
	:45				
6 PM	:00				
	:15				
	:30				
	:45				
7 PM	:00				
	:15				
	:30				
	:45				
8 PM	:00				
	:15				
	:30				
	:45				
9 PM	:00				
	:15				
	:30				
	:45				

Appointment Log

Week : ....   Month : ....   Year: ....

Time		Mon	Tue	Wed	Thu ....
8 AM	:00				
	:15				
	:30				
	:45				
9 AM	:00				
	:15				
	:30				
	:45				
10 AM	:00				
	:15				
	:30				
	:45				
11 AM	:00				
	:15				
	:30				
	:45				
12 AM	:00				
	:15				
	:30				
	:45				
1 PM	:00				
	:15				
	:30				
	:45				
2 PM	:00				
	:15				
	:30				
	:45				
3 PM	:00				
	:15				
	:30				
	:45				
4 PM	:00				
	:15				
	:30				
	:45				
5 PM	:00				
	:15				
	:30				
	:45				
6 PM	:00				
	:15				
	:30				
	:45				
7 PM	:00				
	:15				
	:30				
	:45				
8 PM	:00				
	:15				
	:30				
	:45				
9 PM	:00				
	:15				
	:30				
	:45				

Appointment Log

Time		Fri	Sat	Sun	Notes
8 AM	:00				
	:15				
	:30				
	:45				
9 AM	:00				
	:15				
	:30				
	:45				
10 AM	:00				
	:15				
	:30				
	:45				
11 AM	:00				
	:15				
	:30				
	:45				
12 AM	:00				
	:15				
	:30				
	:45				
1 PM	:00				
	:15				
	:30				
	:45				
2 PM	:00				
	:15				
	:30				
	:45				
3 PM	:00				
	:15				
	:30				
	:45				
4 PM	:00				
	:15				
	:30				
	:45				
5 PM	:00				
	:15				
	:30				
	:45				
6 PM	:00				
	:15				
	:30				
	:45				
7 PM	:00				
	:15				
	:30				
	:45				
8 PM	:00				
	:15				
	:30				
	:45				
9 PM	:00				
	:15				
	:30				
	:45				

Appointment Log

Week : ....   Month : ....   Yaear: ....

Time		Mon	Tue	Wed	Thu ....
8 AM	:00				
	:15				
	:30				
	:45				
9 AM	:00				
	:15				
	:30				
	:45				
10 AM	:00				
	:15				
	:30				
	:45				
11 AM	:00				
	:15				
	:30				
	:45				
12 AM	:00				
	:15				
	:30				
	:45				
1 PM	:00				
	:15				
	:30				
	:45				
2 PM	:00				
	:15				
	:30				
	:45				
3 PM	:00				
	:15				
	:30				
	:45				
4 PM	:00				
	:15				
	:30				
	:45				
5 PM	:00				
	:15				
	:30				
	:45				
6 PM	:00				
	:15				
	:30				
	:45				
7 PM	:00				
	:15				
	:30				
	:45				
8 PM	:00				
	:15				
	:30				
	:45				
9 PM	:00				
	:15				
	:30				
	:45				

Appointment Log

Week : ....   Month : ....   Yaear: ....

Time		Fri	Sat	Sun	Notes
8 AM	:00				
	:15				
	:30				
	:45				
9 AM	:00				
	:15				
	:30				
	:45				
10 AM	:00				
	:15				
	:30				
	:45				
11 AM	:00				
	:15				
	:30				
	:45				
12 AM	:00				
	:15				
	:30				
	:45				
1 PM	:00				
	:15				
	:30				
	:45				
2 PM	:00				
	:15				
	:30				
	:45				
3 PM	:00				
	:15				
	:30				
	:45				
4 PM	:00				
	:15				
	:30				
	:45				
5 PM	:00				
	:15				
	:30				
	:45				
6 PM	:00				
	:15				
	:30				
	:45				
7 PM	:00				
	:15				
	:30				
	:45				
8 PM	:00				
	:15				
	:30				
	:45				
9 PM	:00				
	:15				
	:30				
	:45				

Appointment Log

Week : ....   Month : ....   Yaear: ....

Time		Mon	Tue	Wed	Thu ....
8 AM	:00				
	:15				
	:30				
	:45				
9 AM	:00				
	:15				
	:30				
	:45				
10 AM	:00				
	:15				
	:30				
	:45				
11 AM	:00				
	:15				
	:30				
	:45				
12 AM	:00				
	:15				
	:30				
	:45				
1 PM	:00				
	:15				
	:30				
	:45				
2 PM	:00				
	:15				
	:30				
	:45				
3 PM	:00				
	:15				
	:30				
	:45				
4 PM	:00				
	:15				
	:30				
	:45				
5 PM	:00				
	:15				
	:30				
	:45				
6 PM	:00				
	:15				
	:30				
	:45				
7 PM	:00				
	:15				
	:30				
	:45				
8 PM	:00				
	:15				
	:30				
	:45				
9 PM	:00				
	:15				
	:30				
	:45				

Appointment Log

Week : ....   Month : ....   Year: ....

Time		Fri	Sat	Sun	Notes
8 AM	:00				
	:15				
	:30				
	:45				
9 AM	:00				
	:15				
	:30				
	:45				
10 AM	:00				
	:15				
	:30				
	:45				
11 AM	:00				
	:15				
	:30				
	:45				
12 AM	:00				
	:15				
	:30				
	:45				
1 PM	:00				
	:15				
	:30				
	:45				
2 PM	:00				
	:15				
	:30				
	:45				
3 PM	:00				
	:15				
	:30				
	:45				
4 PM	:00				
	:15				
	:30				
	:45				
5 PM	:00				
	:15				
	:30				
	:45				
6 PM	:00				
	:15				
	:30				
	:45				
7 PM	:00				
	:15				
	:30				
	:45				
8 PM	:00				
	:15				
	:30				
	:45				
9 PM	:00				
	:15				
	:30				
	:45				

Appointment Log

Week : ....   Month : ....   Year: ....

Time		Mon	Tue	Wed	Thu ....
8 AM	:00				
	:15				
	:30				
	:45				
9 AM	:00				
	:15				
	:30				
	:45				
10 AM	:00				
	:15				
	:30				
	:45				
11 AM	:00				
	:15				
	:30				
	:45				
12 AM	:00				
	:15				
	:30				
	:45				
1 PM	:00				
	:15				
	:30				
	:45				
2 PM	:00				
	:15				
	:30				
	:45				
3 PM	:00				
	:15				
	:30				
	:45				
4 PM	:00				
	:15				
	:30				
	:45				
5 PM	:00				
	:15				
	:30				
	:45				
6 PM	:00				
	:15				
	:30				
	:45				
7 PM	:00				
	:15				
	:30				
	:45				
8 PM	:00				
	:15				
	:30				
	:45				
9 PM	:00				
	:15				
	:30				
	:45				

Appointment Log

Week : ....   Month : ....   Yaear: ....

Time		Fri	Sat	Sun	Notes
8 AM	:00				
	:15				
	:30				
	:45				
9 AM	:00				
	:15				
	:30				
	:45				
10 AM	:00				
	:15				
	:30				
	:45				
11 AM	:00				
	:15				
	:30				
	:45				
12 AM	:00				
	:15				
	:30				
	:45				
1 PM	:00				
	:15				
	:30				
	:45				
2 PM	:00				
	:15				
	:30				
	:45				
3 PM	:00				
	:15				
	:30				
	:45				
4 PM	:00				
	:15				
	:30				
	:45				
5 PM	:00				
	:15				
	:30				
	:45				
6 PM	:00				
	:15				
	:30				
	:45				
7 PM	:00				
	:15				
	:30				
	:45				
8 PM	:00				
	:15				
	:30				
	:45				
9 PM	:00				
	:15				
	:30				
	:45				

Appointment Log

Week : .... Month : .... Year: ....

Time		Mon	Tue	Wed	Thu ....
8 AM	:00				
	:15				
	:30				
	:45				
9 AM	:00				
	:15				
	:30				
	:45				
10 AM	:00				
	:15				
	:30				
	:45				
11 AM	:00				
	:15				
	:30				
	:45				
12 AM	:00				
	:15				
	:30				
	:45				
1 PM	:00				
	:15				
	:30				
	:45				
2 PM	:00				
	:15				
	:30				
	:45				
3 PM	:00				
	:15				
	:30				
	:45				
4 PM	:00				
	:15				
	:30				
	:45				
5 PM	:00				
	:15				
	:30				
	:45				
6 PM	:00				
	:15				
	:30				
	:45				
7 PM	:00				
	:15				
	:30				
	:45				
8 PM	:00				
	:15				
	:30				
	:45				
9 PM	:00				
	:15				
	:30				
	:45				

Appointment Log

Week : ....   Month : ....   Year: ....

Time		Fri	Sat	Sun	Notes
8 AM	:00				
	:15				
	:30				
	:45				
9 AM	:00				
	:15				
	:30				
	:45				
10 AM	:00				
	:15				
	:30				
	:45				
11 AM	:00				
	:15				
	:30				
	:45				
12 AM	:00				
	:15				
	:30				
	:45				
1 PM	:00				
	:15				
	:30				
	:45				
2 PM	:00				
	:15				
	:30				
	:45				
3 PM	:00				
	:15				
	:30				
	:45				
4 PM	:00				
	:15				
	:30				
	:45				
5 PM	:00				
	:15				
	:30				
	:45				
6 PM	:00				
	:15				
	:30				
	:45				
7 PM	:00				
	:15				
	:30				
	:45				
8 PM	:00				
	:15				
	:30				
	:45				
9 PM	:00				
	:15				
	:30				
	:45				

Notes

Notes

Notes

Notes